帰りたくなる家

家の整理は心の整理

山﨑美津江
（家事アドバイザー）

婦人之友社

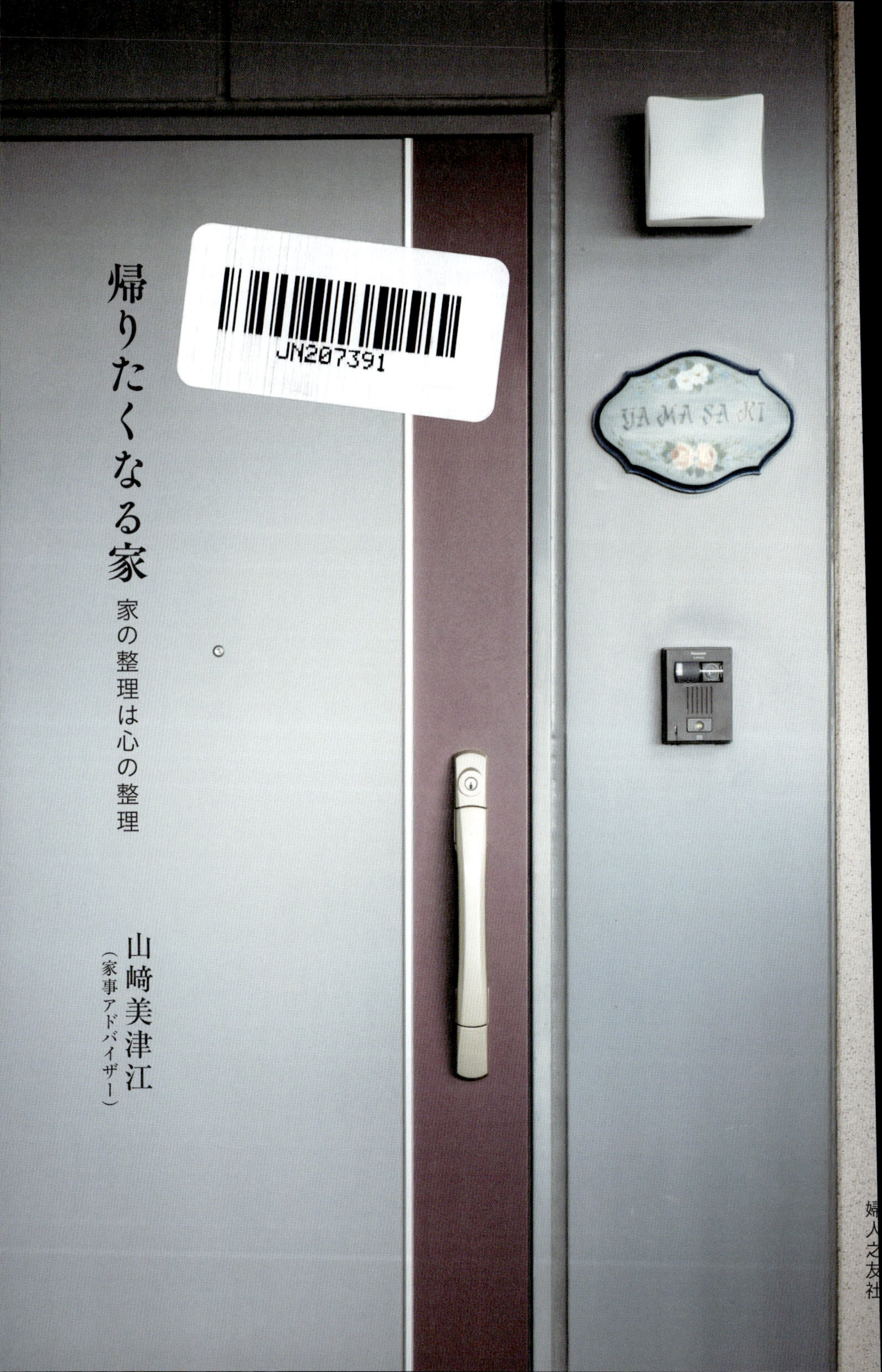

私の人生を導いてくれた
羽仁もと子著作集第9巻『家事家計篇』
（婦人之友社刊）。

Method 1

「ただいま動線」は、家の秩序をつくる。

Method 2

「床こそ、
インテリアの第一歩」と考える。

Method 3

家事は終わりの時間を決めて。

Method 4

家事で家族の知恵を交換する。

Method 5

家族が帰りたくなる家とは？

はじめに

私は、東京の台東区下谷と言われる界隈で生まれ育ちました。当時は、どの家にも子ども用の自転車などはなく、近所の自転車屋さんで、30分10円ほどで貸してもらっていました。本当は1時間くらい乗りたいけれど、おこづかいが足りない……。私のお金との葛藤は、このころから始まっていたのかもしれません。

兄や友だちの速さに追いつきたい一心で、精いっぱいペダルを漕ぎ、上野の森まで一目散。鶯谷駅の坂をのぼりきると、そこは国立博物館、東京藝術大学、上野動物園でした。ル・コルビュジエの国立西洋美術館ができる前の原っぱは、蝶々や昆虫採集の穴場でした。住まいの近くで遊びがてら、自然や芸術的な建物を目の当たりにしていたのですね。

商売の切り盛りで右往左往の父と母。私は、母が家事をしている姿をあまり見かけないで育ってしまいました。結婚、出産を経て、ようやく家のことが大事と思い始めました。何も知らない、何もできない私に、気前よく家事の仕方の「おすそわけ」をしてくれた近所の人たち。そしてそこから「友の会」(P.14参照)を知りました。

入会して「3度実験 ノートいらず」という言葉を耳にしたとき、母の「不器用なら、人の3倍やればいいのよ」の言葉を思い出し合点！ あれから43年経ちました。

毎日の暮らしの中の不具合を、どうすれば解決できるか？ 生活の「困った」を、一緒に「知恵の輪」を解くような友の会。生活の中でたどり着いた知恵がシェアされて、世の中に波紋のように広がっていく。大げさに言えば、家庭から社会に広がっていくことだと思います。

この本は、その「知恵の贈り物」の、ほんの少しの「おすそわけ」のつもりです。ご笑納くだされば幸いです。

帰りたくなる家　家の整理は心の整理　もくじ

*表紙カバーをはずすと、山崎家の間取り図が現れます。

山崎美津江さんは、
こんなひと

相模友の会(『婦人之友』読者の集まり)会員。家事アドバイザー。特にそうじが大好き。家計簿記帳歴は40年以上。趣味は、ギターを弾くこと、読書。2LDKのマンションで、夫と2人暮らし。1948年、東京生まれ。

本書は、季刊誌『かぞくのじかん』（婦人之友社）の連載「家の整理は心の整理」（2010年春号〜2018年冬号）、およびび特集記事をもとに加筆、構成しました。

文中に出てくる「友の会」とは、全国友の会＝『婦人之友』読者の集まりのことです。

Method 1

「ただいま動線」から始める

「ただいま動線」って何？

家庭を持ち、仕事を持つ若い方から、家に帰ってもくつろげないという話をよく聞きます。ドアを開けると玄関は靴だらけ。廊下は買い置きのダンボールが山積みで、シンクや食卓には朝の食器がそのまま……、疲れがどっと出てしまうとか。

そういうときは「『ただいま動線』を考えてみて」と話しています。帰ったらカバンはどこに置きますか？靴、アクセサリーは？　子どもなら汚れた体操着は？　プリントは？

家族それぞれの動線が決まると、家は変わり始めます。動線が決まるということは「置き場所」が決まるということ。すると、置き場所に入らない物や動線を妨げる物は、片づけたり処分するようになり、だんだんと買わなくもなる。物とのつきあい方が変われば、家も変わります。その第一歩が「ただいま動線」です。

入ってすぐの「アイストップ」が玄関の決め手。
この絵は長女からのニューカレドニア土産。

友の会会員、田中周子さん考案の手づくり
セーター人形が、ちょこんと座ってお出迎え。

Step 1

物にも「帰る場所」を

主婦室

からっぽ

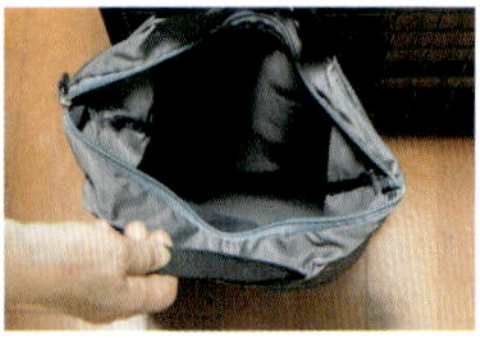

上・中身を空にしたカバンを、デスク側面のフックにかけるところまでが「ただいま動線」。
右・「夫にはないけれど、私には部屋があるの（笑）」。毎日の家計簿の記帳、友の会の仕事は主婦室で。

まずは、自分自身の「ただいま動線」を考えてみましょう。カバンの置き場所は決まっていますか？ 帰宅後、大急ぎで夕食準備にとりかかる子育て中のお母さんたちは、カバンは食卓の椅子やリビングのソファーに放りっぱなし……ということが多いと聞きます。ところが、これが呼び水となり、家族もそのまわりに物を置き始める。実はこれが、片づかない原因の1つです。

私も以前はそうでした。今は、靴を脱いだら主婦室へ。以前は二女の部屋でしたが、彼女が結婚した後は、家庭事務をするなど、私の部屋になりました。ここでまず、カバンの中身を全部出します。書類はジャンル別に分けて書類棚の蛇腹式ファイルへ。財布やパスケースなども、出していつもの箱にまとめておきます。次に出かけるときに別のカバンに

プリント類は
即ファイルに。

書類棚には、インデックスを貼った蛇腹式ファイルが何冊も。「帰宅したらすぐファイリングします」。これも「ただいま動線」。

カバンの中身は
全部出す。

財布、タブレット、携帯電話、パスケースのお出かけセットも帰宅後に“全出し”。この箱はいつもデスクの上で待機。

なっても、箱の中身をそのまま入れるだけなので、駅に着いてから「パスケースがない！」などの事態も避けられますね。

そう考えると「ただいま動線」は今日1日使った物を「置き場所」に戻していくこと、とも言えそうです。置き場所に戻ってさえいれば、次に使うときにあちこち探したりせず、スムーズに始められる。つまり、「ただいま動線」とは「明日への準備」でもあるのです。

家族の「ただいま動線」も、同様に考えてみましょう。帰ってきた子どもが、ランドセルを玄関に放り出して遊びにいってしまうとか、中高生になっても、リビングの真ん中に部活のバッグをドサッと置く……。そんな悩みも、ランドセルやバッグの置き場所を決めると、解決していくはずです。

Step 2

出かける前、蛇口はピカピカに

蛇口がピカッとするまで磨く。「気分がいいですよ」

「家に帰るのが憂鬱」「なるべく家にいないようにしている」なんて言葉が若いお母さんたちから飛び出して、びっくりすることがあります。よくよく聞いてみると、家が散らかっていて居心地がよくない、気が休まらない、ということなのですね。

そういうときには「朝、出かける前に台所の蛇口をピカピカにするといいわよ」と話します。なんのこと？と思われるかもしれませんが、実はこれ、きっかけをつくる誘い文句、おまじない。

汚れた食器がシンクに山盛りなのに、蛇口だけピカピカで平気という人はいませんよね？　蛇口がきれいになったら、自然とまわりも拭こう、お皿も洗おうという気になるんじゃないかしら……。たとえ全部き

出かける前の台所は、何も出ていない状態を目指して。

水滴を拭き上げる。「３日続けると水あかがなくなりますよ」

れいにできなくても、そこを目指しましょうという意味をこめてのことなのです。

台所が片づいていると、帰ってきたときの効果は絶大。早く着替えて台所へ立とうと思えます。疲れていても、台所が気持ちいいと「さあ、今日はあれをつくろう」と元気が出るんですよね。

だから、私にとっては台所までが「ただいま動線」。「ただいま動線」は単にルートを決めるということではなくて、帰ってからの仕事がスムーズにいくように、環境を整えるということでもあるのです。

台所に干物のにおいが残っていたり、大根おろしがこぼれていたりはいやですもの。それじゃあ帰りたくなくなってしまう。自分なりの「ただいま動線」を整えて、「さあ帰ろう！」と思える家にしたいですね。

これくらいでよし、と決める

シンクの水けを拭く。

パンくずを吸う。

食洗機に入れるところまで。

朝しごとの幕引き

今は子ども（18歳未満）を持つ女性の約7割が働いているというニュースをテレビで見ました。ということは、健康上の理由や介護等がある場合を除いて、ほとんどの人が働いていることになります。私の娘もそうでしたが、子どもが小さいうちは特に大変。育休中でも、復帰後の生活が不安というお母さんも多いかもしれません。

台所をきれいにして出かけることは、帰ってからの自分への、何よりのプレゼントになります。ただ、時間に追われる朝は、どこもかしこも完璧にはできませんから、せめて台所だけでも……と心がけてみましょう。

また、「朝しごとの幕引き」ということも意識してみてください。これは朝の家事終了時刻を決めておくこと。決めると、それまでに済ませたいことがはっきりして、案外体が動くものです。

わが家では、朝食が終わったらコードレスクリーナーでパンくずをそうじし、シンクを拭き上げるのが私の役割。食器を食洗機に入れるのが夫の役割。ここまですれば、帰ってきたときの台所は、出しっ放しの物がない状態。蛇口もピカピカ。気分よく、スムーズに夕食づくりが始められます。

忙しい朝こそ、優先順位を決めましょう。考えようによっては「ただいま動線」はこのときから始まっているのかもしれませんね。

Step 3

しまいやすく、とり出しやすく

Step1でお伝えしたように、「ただいま動線」は「置き場所に物を戻していく動線」という言い方もできます。そのとき「しまいやすく、とり出しやすい」収納でなくては、毎日の習慣として長続きしません。

現在の2LDK（74㎡）の家に引っ越すとき、相当、物を処分しました。厳選したつもりでも、マンションの収納はさらに階層化し、引き出しをつくり、仕切らないと、使いやすく収めることはできません。

「仕切る」「引き出す」「階層化」は、収納力を大いに高めてくれる方法です。小さなスペースでも、棚を増やして階層化すれば、縦の空間を有効に使えます。仕切ることで1つ1つの物の「指定席」をつくれますし、奥行きのある場所はトレーを使って引き出し式にすれば、デッドスペースになりません。

孫がまだ小さかったころ、遊びにきたときのために、おもちゃや着替えをしまう簡易な棚を用意しようとしたら、娘に「最後にゴミになるような物は買ってはだめ」と言われてしまいました。

「置き場所」をつくることは、収納の基本的な考え方ですが、「スペースを増やす」ことにとらわれると、収納用品がどんどん増えてしまいます。娘の言葉で「片づける＝スペースを増やす」ではないことを、再認識しました。

収納力を高める 3つの技

引き出す

左・奥行きのある場所はトレーの引き出しでとり出しやすく。下段右・牛乳パックでつくった仕切り（P.28 参照）で、保存容器のふたと本体を分けて収納。下段左・壁面収納はつっぱり棒で階層化。

階層化

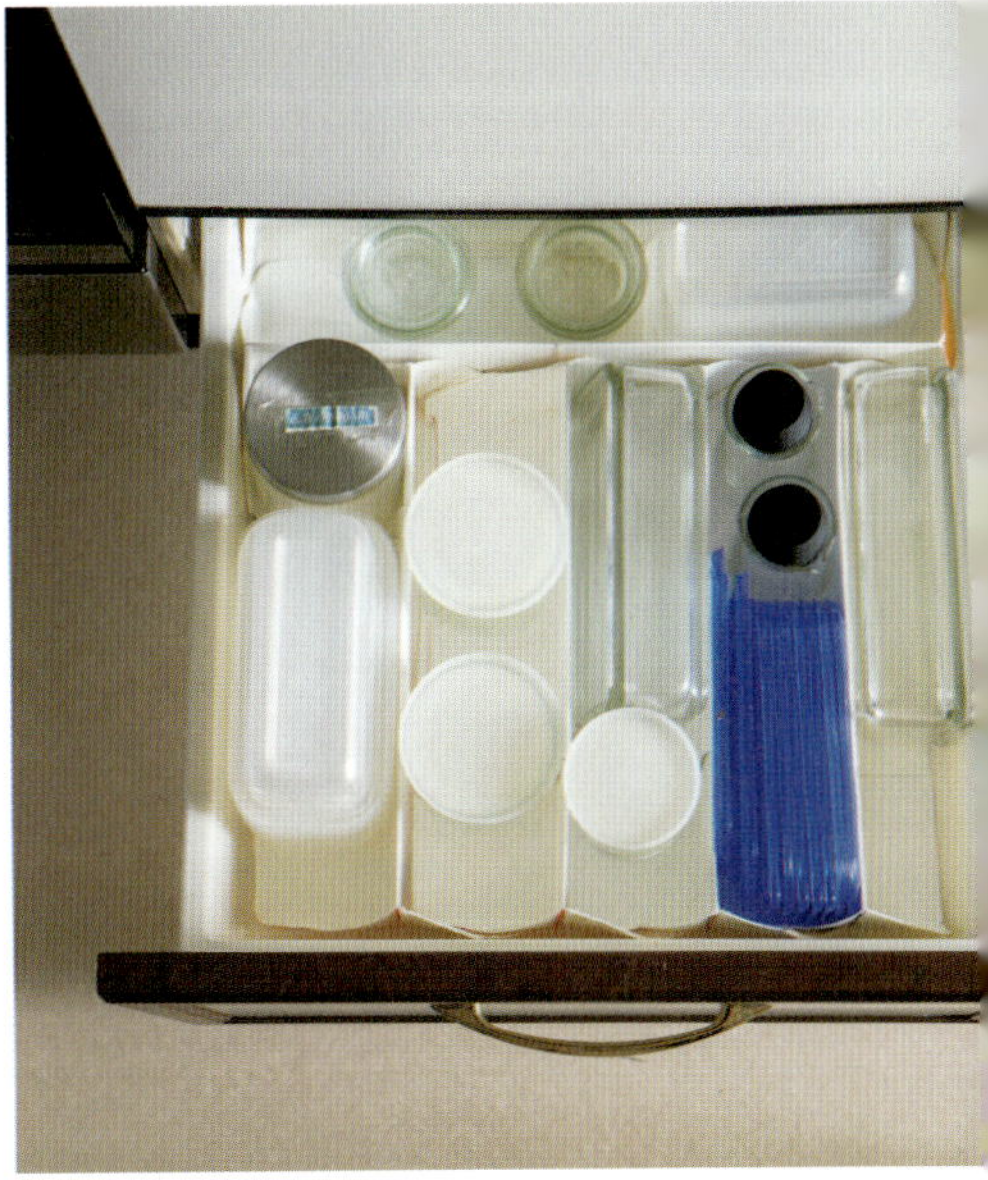

小さな物ほど指定席

まだ子育てで忙しかったころのこと。購読している雑誌『婦人之友』で「裁縫道具の整理整頓」という特集が目にとまり、思い立ってやってみたのです。手をつけたのは、海苔のプラスチック容器いっぱいのボタンの整理。時間はかかりましたが、すっかり分類し終えたときの爽快感といったらありませんでした。

それまでは、ボタンがぎっしり入った入れ物を見るたび、「いったいどれだけあるんだろう?」と心がザワザワ。探すときも「確かあったはず」とまたもやザワザワ。

それがすっとなくなったのは、種類ごとにボタンの「指定席」が見つかったから。以来、「小さな物ほど指定席」がモットーになりました。

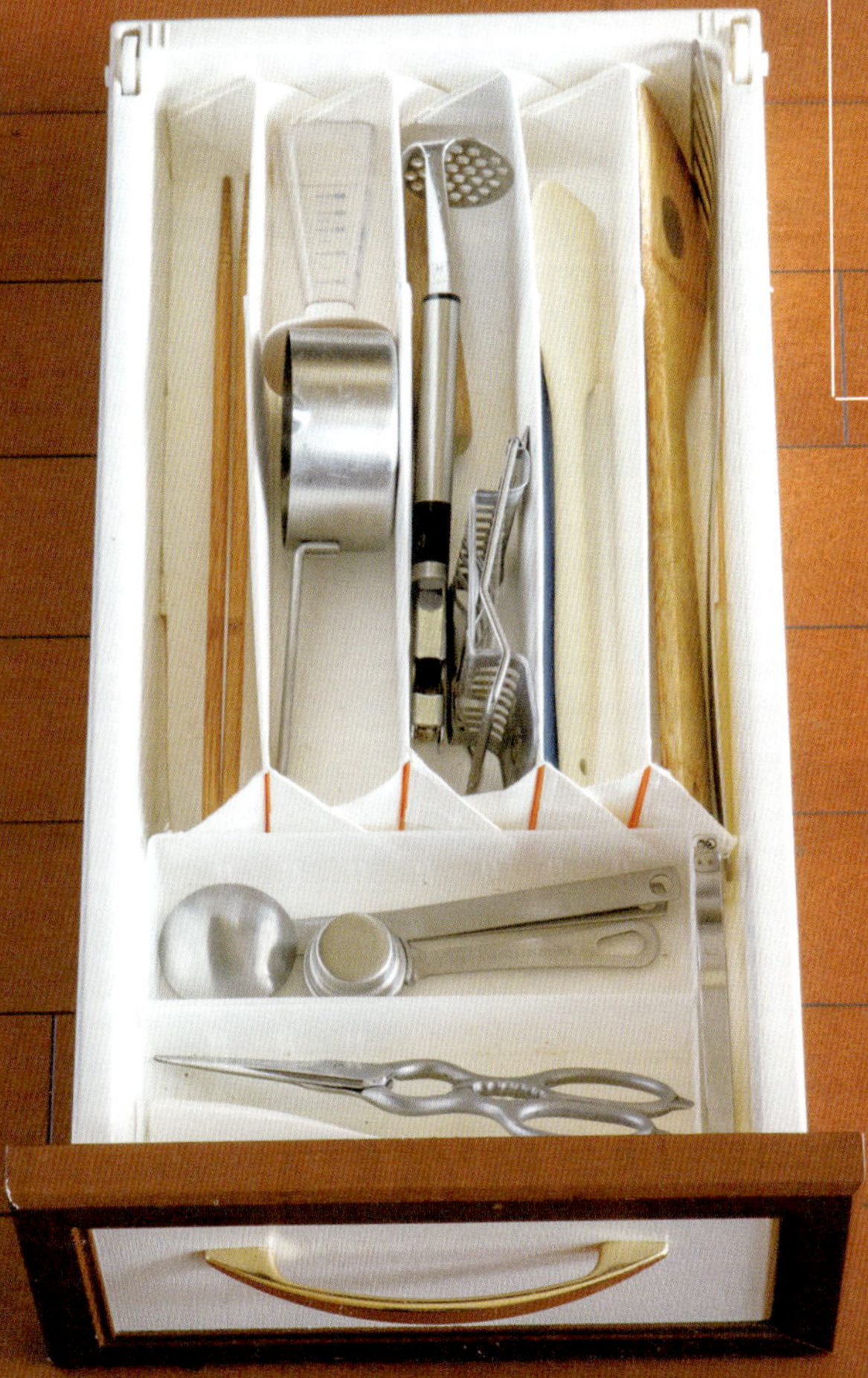

「大元」と「小出し」

「大元」と「小出し」という言葉をご存じでしょうか？「大元」はいわば楽屋。調味料のストックや調理道具の予備のことで、それを置いておく場所も含めて「大元」と呼んでいます。

一方「小出し」は手元に置く物のこと。シンク脇の一番上の引き出しにはしゃもじが1つ、菜箸が1組、毎日使う調理道具も1つずつ。大元はすぐ上の吊り棚にありますが、小出しにあたる引き出しには1アイテムにつき1点だけ。できれば、1つの仕切りに1点が理想。使う物だけが収まった引き出しは、数ある中から選ぶ手間が省け、いつもすっきり。毎日何度も使うからこそ「1アイテム1点主義」、もう何十年も続いています。

牛乳パックの仕切りが便利

スペースと収める物に合わせて、
形を変えて
組み合わせられるから便利。

1

開け口を開ききり、継ぎ目のある一辺に底までハサミを入れる。

2

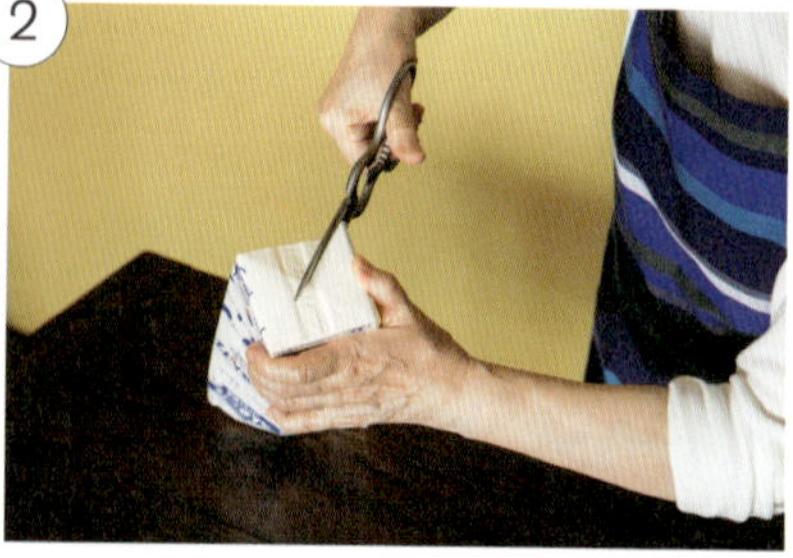

底面の対角線上を切る。固いので力を入れて。

3

注ぎ口のひらひらした部分を折り目から切りとる。

4

開いてみたところ。

5

中央の折り目を山折りに。底面を幅広のテープでとめて完成！

連結してカスタマイズ

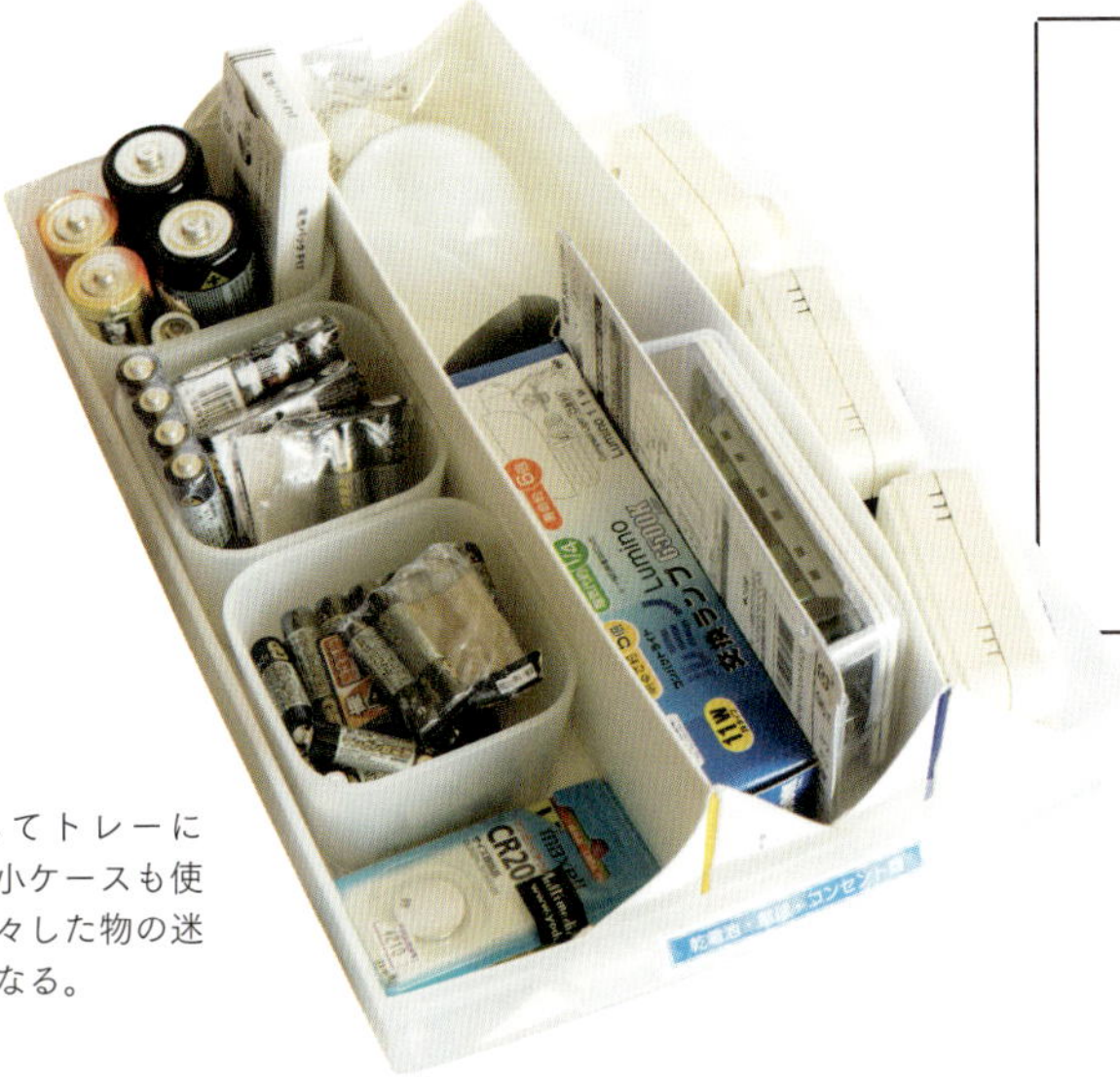

2連結してトレーにセット。小ケースも使うと、細々した物の迷子がなくなる。

家を片づけるとなったら、まず収納グッズを買うという人は、意外と多いかもしれません。かくいう私も、孫のために間に合わせの棚を買おうとして、娘に叱られてしまったのですから。

市販の仕切り用品にもさまざまなタイプがありますし、トレーやケース類を仕切りとして使うこともできます。ただ大きさが決まっているので、市販品だけで仕切ろうとすると中途半端な隙間ができたり、仕切り自体が大きすぎたり小さすぎたり。

その点、長年愛用している牛乳パックなら、長さや幅を切ったり、連結したりして、スペースと収納する物に合わせた仕切りをつくることができます（連結するときは、底になる部分の裏側から幅広のテープでとめて固定します）。

仕切ると自然に入れる物が明確になるのもいいところ。部屋だって仕切ってあるから、誰々の部屋、何々のための部屋という目的が生まれます。収納スペースも仕切って使うという感覚がないと、何をしまうための場所かがあいまいになり、つい詰めこんだりしてしまいがち。

わが家では台所の引き出しをはじめ、衣類や日用品の収納、小物の整理にも牛乳パックの仕切りが大活躍。

この便利さを伝えたくて、オープンハウス（P.117参照）に来てくださった方には、お土産に1つさしあげることにしています。思い立ったらすぐつくれるようにと。

普段使いの物をしまうのは「背伸びして届くくらい」の高さまで。

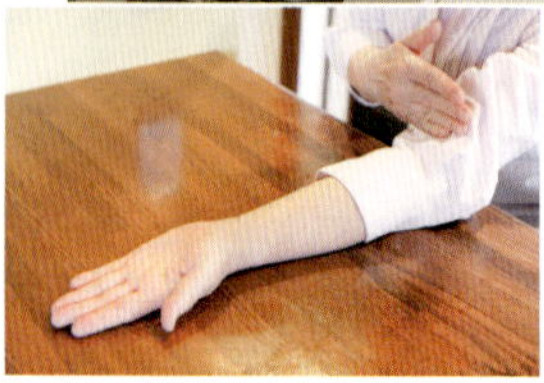

肘から指先までは「40cmくらいの人が多いですね」。

「置き場所」は手の届く範囲内

以前、宇都宮に住むお婿さんと孫娘の家を片づけたとき、引き出しを細かく仕切って「ここにはこれを入れるのよ」と説明して帰ってきたら、後から電話で「お母さん、あれじゃ指が入りません」。それはそうよね。だってお婿さんの手はとても大きいんだもの。

それ以来、置き場所は使う人の体の大きさを基準に考えるようになりました。高さはちょっと背伸びをして届くところまで。奥行きは、肘から指先までと同じくらいが使いやすい。それ以上あると、デッドスペースになりがちです。

食事前、食器を用意。箸置きは季節に合わせて選ぶ。

茶碗、お椀、箸、フォークと箸置きだけ。ゆとりがポイント。

子ども用食器はゴールデンゾーンに

同じマンションに住む、小学校と保育園に通う孫たちとは、土、日以外は毎日夕食をともにします。そこで、シンク脇の3段目の引き出しを孫専用の食器入れにしました。

孫たちが自分で茶碗を出したり、季節に合う箸置きを選ぶには、ラクに見下ろせる高さが必要。そして出し入れしやすいゆとりも大切。だから、ここには2人の食器だけ。

〝ゴールデンゾーン〟の1段を空けるのは他への影響も大でしたが、箸置き1つ選ぶのも、生活力を鍛えると思えば。孫の教育も大変です（笑）。

若いお母さんの声に応えて――

「忙しくてもキレイな家に住みたい」

これまで、雑誌やテレビの特集、友の会の活動を通して、たくさんの家を片づけるお手伝いをしてきました。

育児と仕事に忙しいお母さんたちの、時間のない中でも、整理整頓した家で気持ちよく暮らしたい、という切実な願いに応えたくて、少しでも役に立つならと続けてきました。

そういう私も、結婚するまではご飯を炊いたことも、洗濯したこともありませんでした。下町で商売を営む家で育ち、母は仕事で忙しく、家事をする姿を見ることはほぼなかったのです。

だからでしょうか、友の会の存在を知ったときは、求めていた〝家庭の香り〟を嗅いだような気がしました。ここでなら、自分に欠けている家庭を営んでいく技や考え方を学ぶことができる、そう直感したのです。

13年前、長女を30歳で亡くし、9カ月の孫娘を引きとって2歳まで手元で育てました。その経験から、若いお母さんがどうやったら家事を簡単に、少しの時間できれいにできるかを、改めて考えるようにもなりました。

時間がなくても、疲れていても、家をよくしていく方法はきっと見つかります。心底ホッとできる家にしたいという気持ちがあれば、自然とよい方へ変わっていきますよ。

山﨑さんとレッスン1

台所から身につく片づけの基本

（『かぞくのじかん』vol.22より）

「練習するならまずはここから」。
台所のシンク下収納から始める「片づけの基本」。
『かぞくのじかん』の読者とともに習います。

家事の約半分は
食にまつわる
時間だからです！
どうして
台所なんですか？

◀教わる人
佐藤幸子さん
夢の住まいを手に入れる前に「片づけの基本を身につけたい！」と熱意にあふれる2児のお母さん。

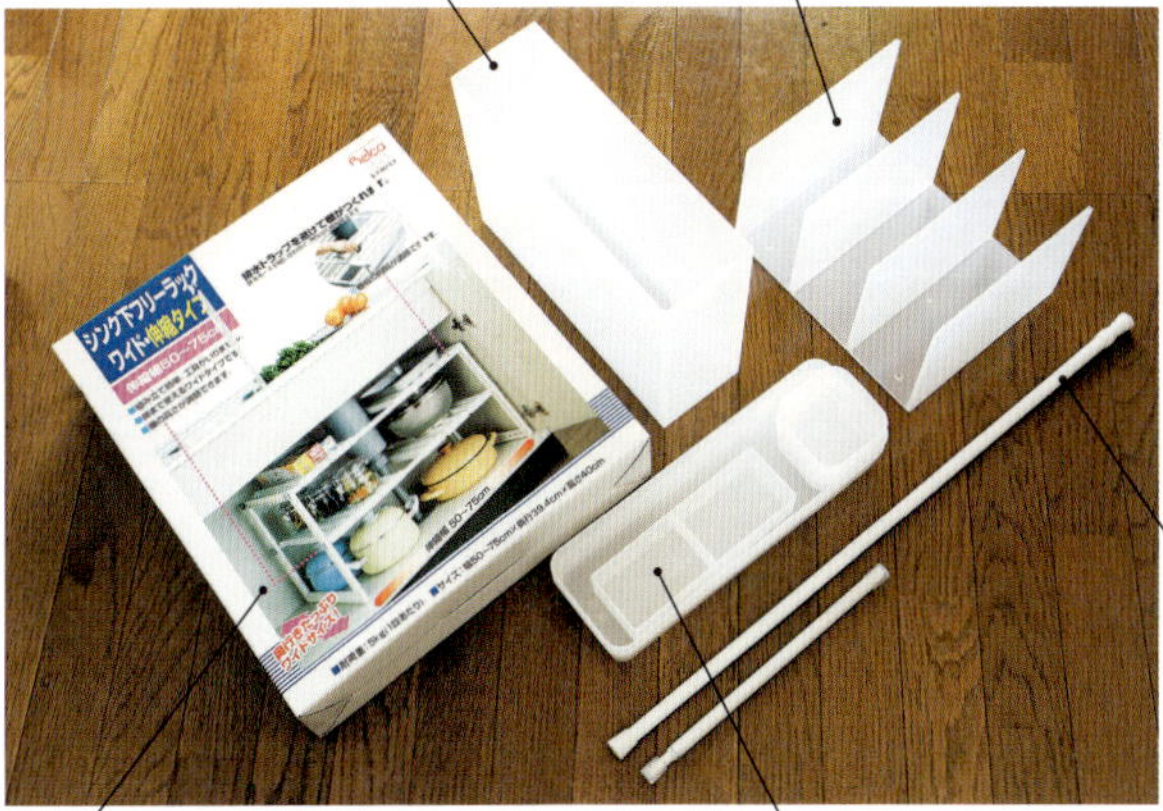

ファイルボックス
高さのあるものに。瓶の倒れ防止にも。

ブックスタンド
フライパン、トレーなどを立てて収納。

つっぱり棒
掛ける、仕切る、棚板にも使える優れもの。

シンク下ラック（伸縮タイプ）
排水パイプを避けて棚を設置できる。

トレー
奥行きのある場所の引き出しとしても。

こんな道具を用意します

佐藤　家事の半分が食の時間だなんて、初めて知りました。

山﨑　それだけ練習の機会も多いわけね。佐藤さんは、台所収納のどこに問題を感じているの？

佐藤　冷蔵庫の横や台所の反対側のオープンラックに、器具も調味料も置いているので、動きが複雑かなと。

山﨑　動線は短くないと。台所は収納の基本が凝縮しているから、上手に使えるとほかの場所でもうまくいくのよ。まずは、応用がきいて便利な収納用品を見てください！

Before

1 シンク下は階層化

物をなんとなく
固めて置く。
排水パイプの近くが
食品の置き場所に。
分類されずに
詰めこまれたかご。
米
引き出しの前に物を
置いてしまう。

まずは全部出して 3つに分ける。

全部出して「使っている・いない・要検討」を判断し、3つに分類する。

排水パイプで使いづらいシンク下の克服法は？

山﨑　ここが、使い方がわからないとおっしゃっていたシンク下ね。

佐藤　排水パイプがあるので使いにくくて。洗剤や米、消耗品の在庫をなんとなく固めて置いてしまっています。

山﨑　あら、本当にいろんな物が入っているわね。こういう場所に自分で棚をつくるのはなかなか大変なので、悩むより先に、市販のシンク下用ラックを使ってみるのがおすすめですよ。足元でやや奥行きのあるスペースなので、何を置くのかや置き方など、使いこなすための工夫も覚えておきたいですね。

After

食品は置かないのが原則。

排水パイプは熱湯が流れ、水漏れのリスクも。そばには温度、湿度の影響を受けない物を。

鍋は1段に1つ。

鍋は厳選。重ねずふたとセットで置けば、とり出しやすく、しまいやすい。

季節で入れ替える場合も。

土鍋と夏向きの大皿など、季節によって使用頻度が異なる物を、奥・手前で入れ替えても。

シンクで使う物を中心に。

食器用洗剤、ゴミ袋のストックなどシンクまわりで使う物に限定すると混乱しない。

② 厳選・分類で頭もすっきり

「基本の分類」は
頻度・用途・種類。

調理器具は、まず使用頻度で分けてみましょう。「ほぼ毎日」「２～３日に１回」「月に１～２回」の３つに分類。そのほか用途や種類で分ける方法も。場所や使い方に合った分類法を試してみて。使いやすい物、そうでない物も見えてくるはず。

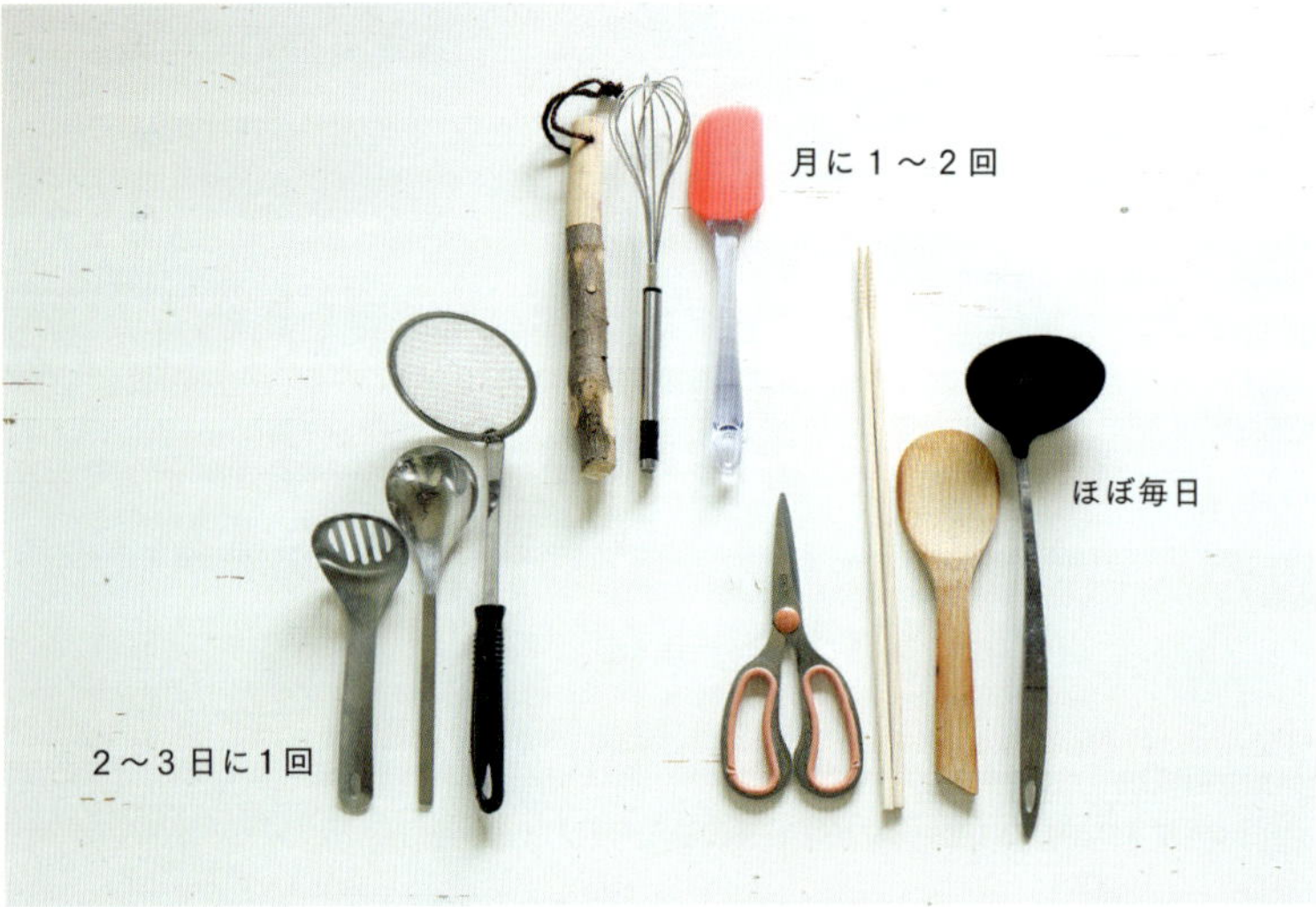

すっと道具が出せる引き出しを目指して

山﨑　日々使う物とそうでない物が混ざっていますね。なぜここに？　と思う物もあったり。

佐藤　〝あると便利〟とか〝いつか使うかも〟と思ってとってある物も多くて……。

山﨑　物が多かったり、混在していたりすると、頭もすっきり働きませんよ。まずは「使っている物」と「それ以外」に分類してみてください。その上で「基本の分類」を参考に、①使用頻度、②用途・目的、③種類（形や大きさ）で分けてみましょう。

　使っていない物は「一時置き場」に移し、本当に必要がなければ処分します。

引き出しの中を
分類してみましょう

←

After

改善ポイント→「使用頻度の高い物を厳選し、使いやすい一番上の引き出しへ」「牛乳パックの仕切りを活用」「おろし器など平らな物は立てて収納」「特によく使うハサミは手前に」。ひと目で何があるかわかり、とり出しやすく、しまいやすい理想の引き出しに。

Before

「同じ物がいくつもある」「向きが互い違いでとり出しにくい」「仕切りの奥の方は見えづらい」など、パッと見ただけで課題がいくつも。すっきりしない最大の原因は"使う頻度がバラバラ"なこと。毎日使うおたま類とそうでないミニフォークが同じ場所にあったり。

③ 仕切って自立させる

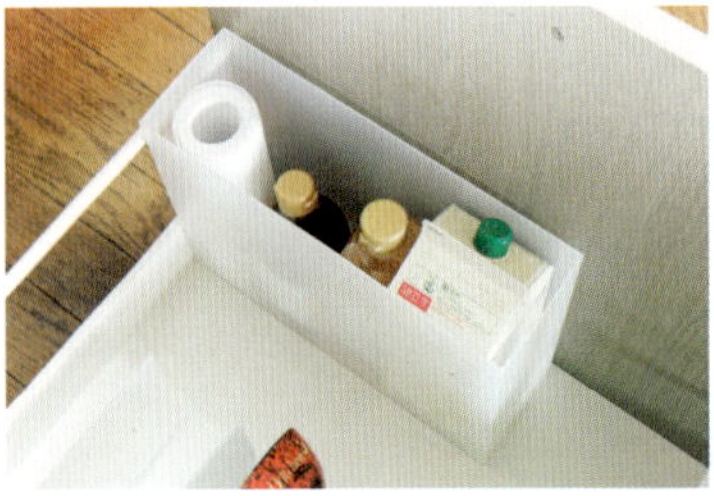

箱で仕切る

調味料の瓶など、倒れやすく、中身がこぼれる心配のある物にはファイルボックスを。まとめて持ち出したい場合にも便利。

壁で仕切る

仕切りに活用できるブックスタンドは、金属、樹脂など素材、サイズとも種類が豊富。いろいろな使い方で応用可能。

袋で仕切る

細かい物、形の不揃いな物が数多くある場合は、チャック付き保存袋を利用。これも仕切り技の1つ。

棒で仕切る

つっぱり棒は左右、上下の壁面がしっかりした場所で使用。幅、高さなどを簡単に、自由自在に仕切ることができる。

仕切りを活用して「一目瞭然」をキープ

佐藤　台所にはいろいろな形や大きさの調理器具があって、それをどう仕切ったらいいのか、今ひとつわからなくて。

山﨑　せっかく分類した物が重なり合って混乱しないように「自立」させ、「一目瞭然化」するのが仕切る目的です。小さなところからできて、達成感も得やすいですし、「ほかでもやってみよう！」と片づけ全体のモチベーションにもつなげやすいんです。

佐藤　「自立」させることから始めていくといいんですね。

山﨑　そうやって家事のやり方に向き合い、工夫を凝らして、考えることが楽しくなればしめたものですね。

Before

仕切りを組み合わせると
使い勝手に差が出る！

After

定位置スペースと
自由スペースに分けました。

フライパン、調味料の仕切りは定位置に固定。ストックが増減するラップ類は、自由に幅の変えられるつっぱり棒で。

④

家事動線に合った置き場所の基本

●たまに使う調理器具
●保存容器
●卓上コンロ
●お菓子づくりの道具
●来客用食器
●鍋帽子（保温調理グッズ）
●調理器具
●鍋
●ボウル・ざる
●ケトル
●洗剤・ゴミ袋
●フライパン
●ラップ・ホイル類
●調味料
●調味料

水を使う場所

煮物に使う鍋、調理に使うボウル、水をきるざるはシンク下。保存容器は上の吊り戸棚に。

作業の場所

使用頻度の高い菜箸、おたまなどは引き出し。たまにしか使わない道具類は上の吊り戸棚へ。

火を使う場所

焼く、炒めるなどに使うフライパンを中心に、調味料、ラップ・ホイル類などを。

コックピットのように即、反応できる台所とは？

山﨑　分類や仕切り方などのコツはわかったかしら？

佐藤　はい。あとは、台所全体をどう使うかですよね。

山﨑　飛行機のコックピットのように、頭で考えた作業が、手を通してすぐ実行できる、そんなイメージが持てるといいわね。乾物を使おうとしたら、ボウルをとり出し、水を入れ、乾物をポン。これが一連の動作でできるように。

佐藤　スムーズですね。

山﨑　「水を使う」「火を使う」など「作業場所の近く」での動線と、「とり出しやすい高さ」を意識して、あなたの家の台所に合った置き場所を見極めてください！

踏み台に乗って手が届く

●年に数回使う物
●軽い物

180cm 手をのばせば届く

●使用頻度が高く、軽い物

目の高さ

150cm ラクに手が届く

●頻繁に使う物
●壊れやすい物

100cm

60cm かがんで手が届く

●使用頻度が高く、やや重い物

膝の高さ

30cm しゃがんで手が届く

●時々使う物
●重い物、大きい物

0cm

コラム1

あったらいいなは なくてもいいな

　物でも、空間でも「見ただけでいっぱい」の中にはいたくないので、自分がそう感じない量をいつも意識しています。

　棚ならとり出しやすい余裕があること。リビングなら家具を使い勝手よく動かせる自由度があること。それが私にとっての「八分目」。リビングの飾り棚なら「少なすぎ?」というくらいの方が、物も引き立って見えます。

　ひと口に八分目といっても、感じ方は人それぞれ。まずはどんな暮らしがしたいのかを考えて、自分の心地いい八分目の基準を持つといいのかもしれません。

　「あったらいいなはなくてもいいな」は友の会に代々伝わるキャッチフレーズですが、これが頭にあると、今持っている物を大事に使おうという気になります。「少ない物で豊かに暮らす」感覚がわかるようになると、少し足りないぐらいでも、不満や不安を感じなくなるのです。

　私の場合、スケジュールも八分目を心がけています。家で過ごす時間が心と体のバランスをとり、明日へのエネルギーを充電してくれると感じているからです。

ダーラナホースの親子は飾り棚の常連。

Method 2

「床こそ、インテリアの第一歩」

平らが大事な理由

忘れられない光景があります。まだ1歳前だった孫がハイハイしてリビングまできたと思ったら、カッと目を開いて、床を見ている。お昼寝前に自分がさんざん食べこぼした床がきれいになっているのを見ていたのです。あのときの目は忘れられない。歩きもしない子でも、わかるんだなと思いました。

家庭生活では、絶えず子どもに何かを刷りこんでいます。そうじや片づけのためにいろいろなお宅を訪問して思うのは、何をあたり前とし、心地よいと考えるかは、育った家の環境次第ではないかということ。

家の雰囲気づくりに一番大きく作用するのは、床と壁です。家具や飾りではなく、平らな面積をどれだけ確保するかで家の居心地は決まります。それはきっと、赤ちゃんであってもわかることなのだと思います。

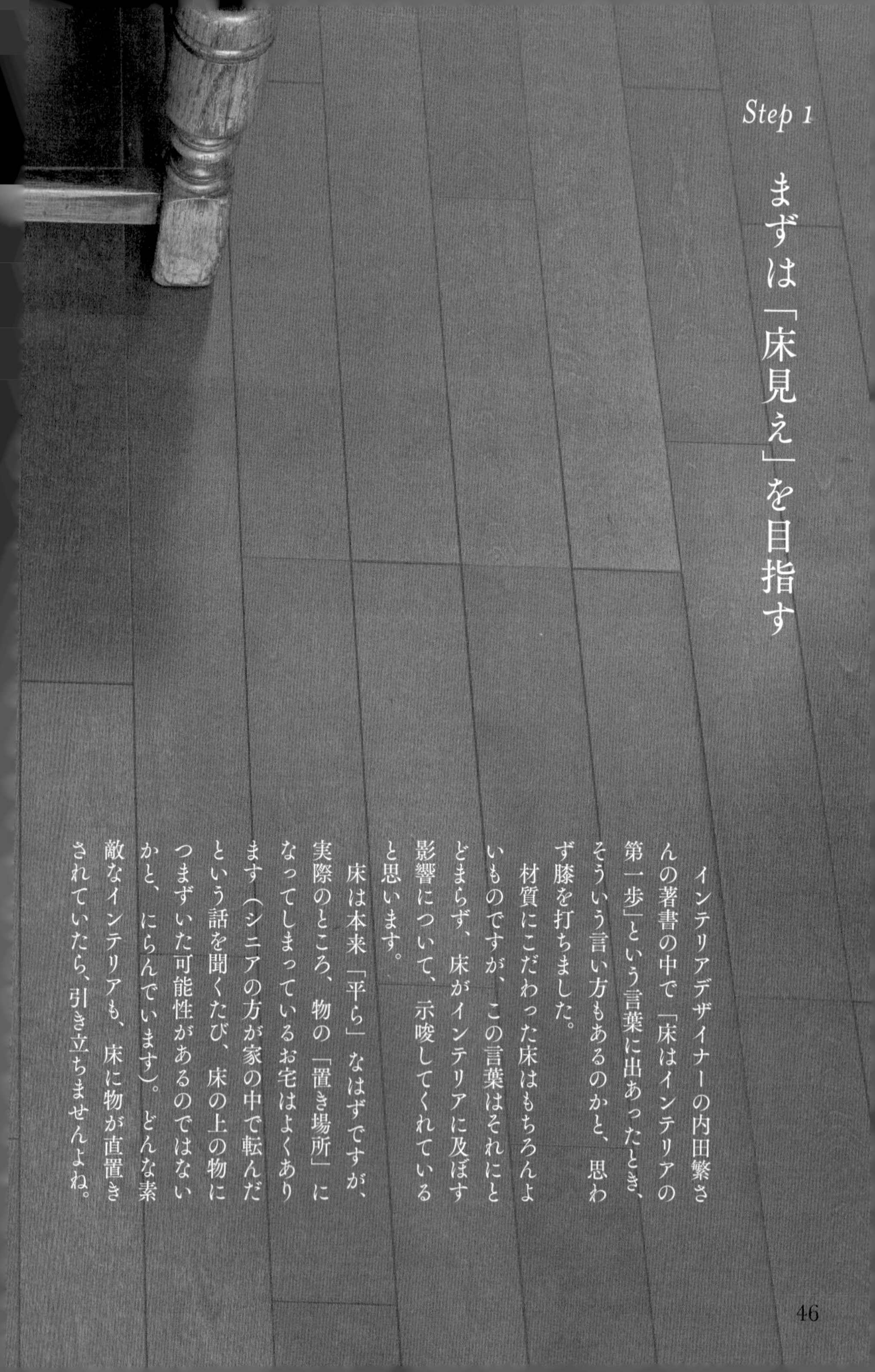

Step 1

まずは「床見え」を目指す

インテリアデザイナーの内田繁さんの著書の中で「床はインテリアの第一歩」という言葉に出あったとき、そういう言い方もあるのかと、思わず膝を打ちました。

材質にこだわった床はもちろんよいものですが、この言葉はそれにとどまらず、床がインテリアに及ぼす影響について、示唆してくれていると思います。

床は本来「平ら」なはずですが、実際のところ、物の「置き場所」になってしまっているお宅はよくあります（シニアの方が家の中で転んだという話を聞くたび、床の上の物につまずいた可能性があるのではないかと、にらんでいます）。どんな素敵なインテリアも、床に物が直置きされていたら、引き立ちませんよね。

逆の言い方をすれば、床が平らなら、どんな家具を置いても素敵に見えるはずなのです。

床はインテリアの事始め。インテリアに凝る前に、普段のそうじや片づけの中で「床が見える状態」を目指してみてください。きっと、空間の質が変わってくるのが感じられると思います。

もう一つ、踏まえておきたいのは衛生面。床は1日の営みの結果が全部落ちるところ。目に見えるゴミのほかに、衣類の繊維、髪の毛、皮脂などが絶えずあるわけで、これも床が見えていなければ拭きとれません。便利な自走式そうじ機も、「床の平ら」が前提です。美しい床がわが家の一番のインテリアとなるように、家族の間でも「目指せ、床見え」を合言葉にしてみてください。

1日1回、平らにリセット

出かける前、食事の前、寝る前。家の中の「平ら」を保つには、1日のどこかのタイミングで、リセットできるといいですね。小さなお子さんのいるお宅でも、1日1回、おもちゃを戻すだけで違ってきますから。

子どもが大きくなれば、自分で戻すように声かけをします。ただ「片づけなさい」と言うとカチンとくるみたい。だからわが家では「テーブルの上、平らになった？」と聞くことにしていました。

友の会の集まりで聞いて実践してみたのですが、実際にそういう言い方をすると子どもが動くのです。「平らかな？　あれ、何かあるよ」と反応して戻す。「どこどこにしまいなさい」と指示しなくても、置き場所さえ決まっていれば、自然に「戻す」回路ができあがっていくのだと思いました。当時、同じ年頃の子どもを持つお母さん同士で集まって「どうしてる？」と情報交換しながら、いろいろな知恵を聞くことができたのはありがたかったですね。

今は遊びにくる孫たちに「戻しておいてね」とひと言。すると、ライティングデスクの引き出しにポイポイ。一緒に住んでいなくても、置き場所がいつも同じなら、回路もできやすいのですね。「平ら」をキープするには、家族の協力が必要不可欠。声かけひとつにも、置き場所は深く関わっているのです。

食卓の上は、食事の時間以外は「平ら」に
リセット。食器の片づけは夫の担当。

リビングにあるライティングデスクの引き出
しは、遊びにくる孫のためのおもちゃ入れに。

家の中の「平ら」を探せ

あそこもここも「平ら」。
目に物が刺さらない、
安らぎの秘密はこれでした。

本棚は ロールカーテンでふたをする。

主婦室の本棚にはインテリア、デザインから哲学書までズラリ。ロールカーテンで目隠しすれば、背表紙の文字や色も気になりません。

「テーブルの上、平らになった？」

意外に存在感がある食卓の平面。「エベレストみたいになっているお宅もありますよ」。ここが平らだと心も安らぐから不思議。

靴は脱ぎっぱなしにしない。

靴は各自が靴箱から出して履き、脱いだらしまう習慣。たたきは毎日掃いてそうじ機をかけるので、裸足で歩いても平気なほど。

ベッドメーキングで
フラットに。

ベッドメーキング＝「平ら」にすること。丸まった毛布を広げ、凹んだ枕を元に戻す。毎日していると、それがあたり前の景色に。

手づくりのピアノカバーが
引き立つ。

つい楽譜を積んでしまうピアノの上。友人が縁飾りをつけてくれた力作のカバーを引き立たせるためにも、何も載せません。

冷蔵庫の上は何も置かない。

放熱を妨げるため、冷蔵庫の上は物を置かないのが原則。柄の長いハンディモップでこまめにそうじ。扉も、何も貼らず「平ら」に。

すぐ作業が始められるカウンター。

物置きと化しがちなキッチンカウンターもすっきりと。ここで夫が食器を並べたり、孫がラベル書きをしたりと、家族の仕事もはかどる。

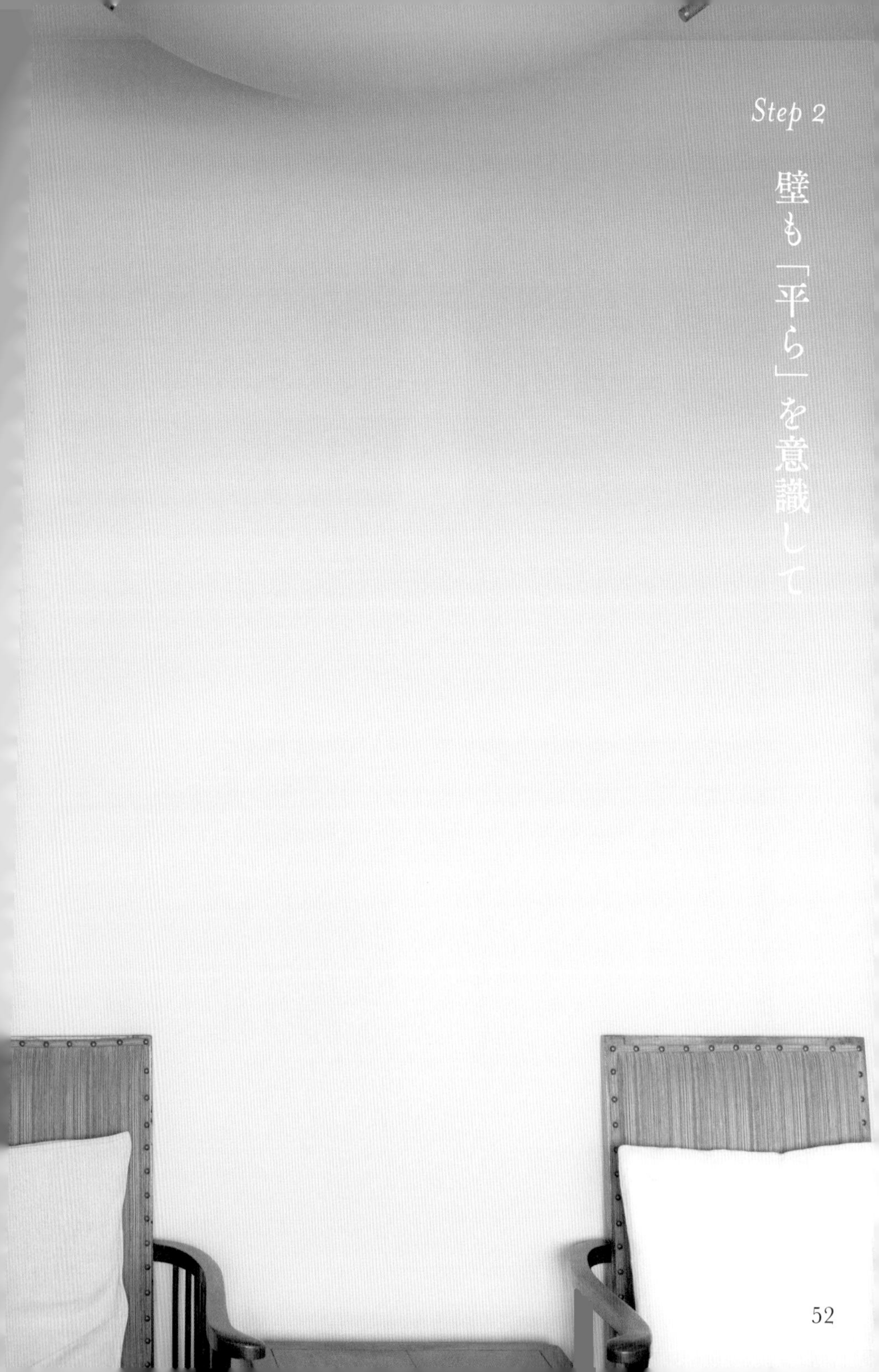

Step 2

壁も「平ら」を意識して

食の棚

食べること

重箱や大皿など、時々しか使わない食器類は上の棚に。食料品は容器の大きさに合わせて階層化した棚にズラリ。

住 交際の棚

家のこと

「住」には床のメンテナンス品、マンションの契約書類、鍵など。名刺ファイルや宅配便伝票は「交際」にあたる。

扉は平らな壁

その1 玄関収納

造りつけ収納のよいところは、扉を閉めれば壁と同じようにフラットになるところ。ただ、なまじスペースがあるだけに、ついいろんな物を押しこんでしまうという声も。

わが家の廊下の壁面収納も、頭をひねった挙句、長年つけている家計簿の費目別に収納する方法に落ち着きました。

おもな棚は「衣・食・住」、それに「交際」が加わります。例えば「衣」の棚なら、クローゼットにある衣類を除く「衣」に関するすべて、靴、ミシン、裁縫道具などが入ります。「住」の棚なら、大工道具や

衣の棚

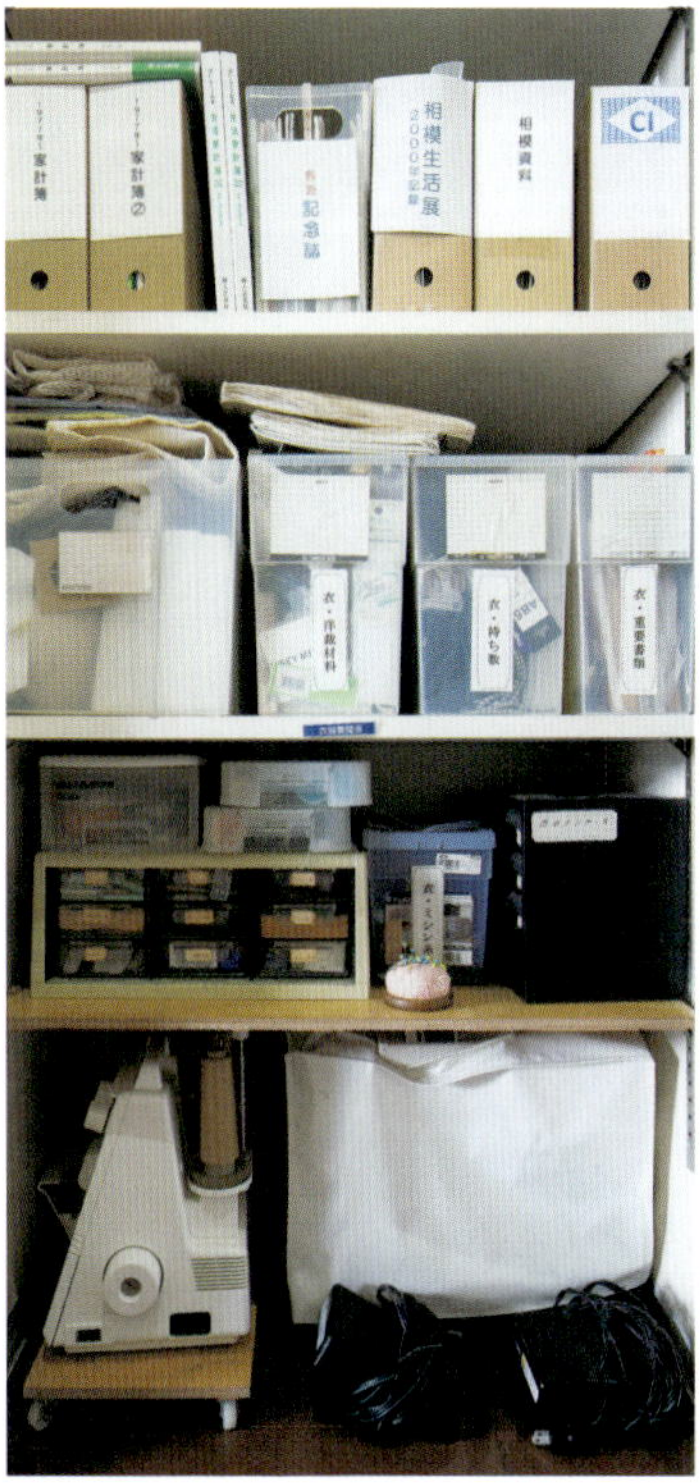

「衣」その2

ファイルから下は裁縫道具一式。ボタン・糸は小引き出しに。ミシンの台にはキャスターをつけて引き出しやすく。

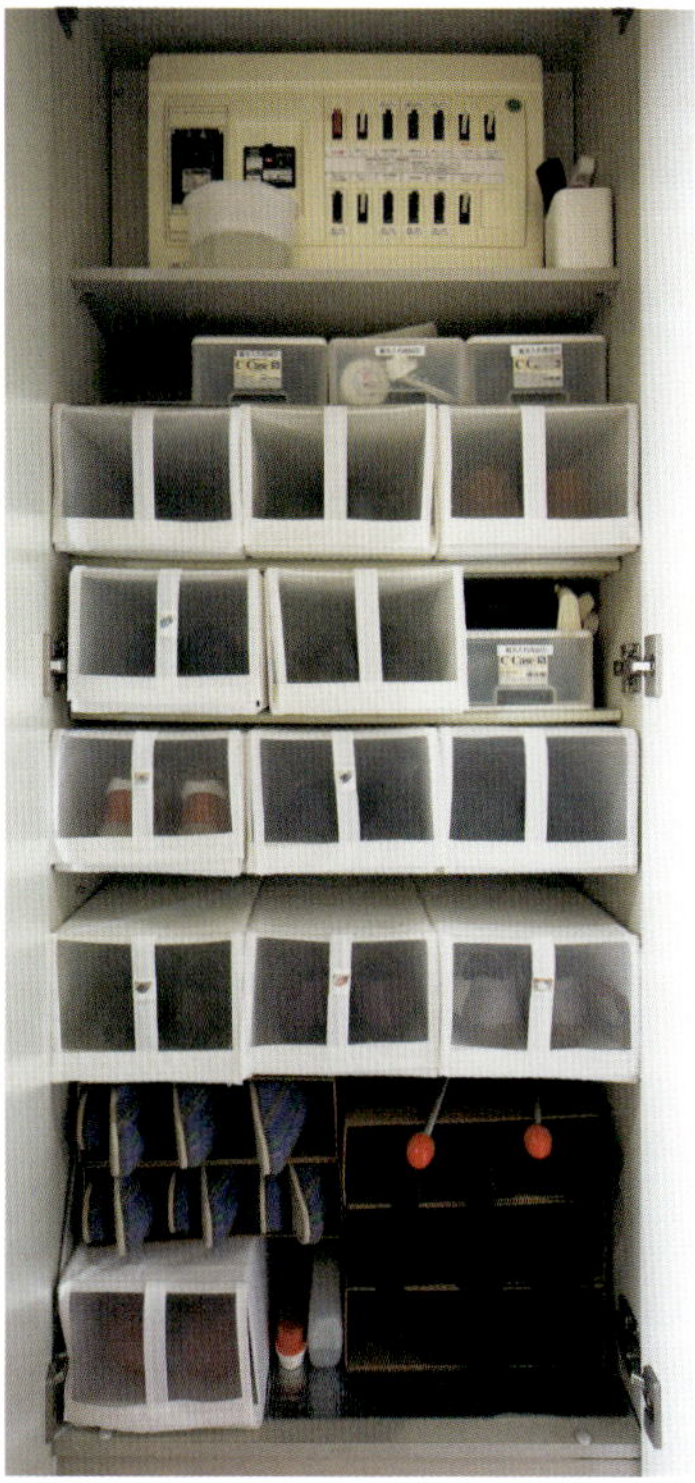

「衣」その1

シューズケースには写真を貼って中身がわかる工夫を。下段の来客用スリッパはファイルボックスを重ねて階層化し、収納。

家電の取り扱い説明書から、地域情報をまとめたファイルまで。防災用品もここです。

つまり、該当する費目に関することなら、物だけでなく情報も含めて管理する集中ステーション。ここが乱れると、生活も乱れてしまうので、定期的に見直して、仕切り直したり、ラベルを新しくしたり。一見壁、扉を開ければ階層化した棚に、ラベリングしたボックスや引き出しがズラリと並ぶ様は壮観なようで、皆さん目を丸くするんですよ。

扉は平らな壁
その2 台所のカウンター下

この家に越してきたとき、建築士の兄から「この建物は設計の段階で収納が組みこまれているから、食器棚を新たに買う必要はない」と言われて驚きました。「じゃ、どこにしまう?」と考えて、このコンパクトなカウンター下に落ち着くまでに、2週間はかかりました。

とはいえ、奥行きが45cmもあるので、そのままでは使いにくい。そこでカップ、小皿・中皿、小鉢・中鉢は引き出し式の文具用ケースに。プレートやトレーは重ねず、ブックスタンドに立てて収納。来客用や季節ものの大皿や重箱は、廊下の壁面収納に収めることにしたら、結局兄の言う通り、家具を買い足さずに済んだのです。盛りつけはカウンターですするので、動線も最短。見た目がすっきりしただけでなく、とても使いやすい食器棚になりました。

デイリーな食器を
引き出し式収納に。

毎朝毎晩使う普段使いのコーヒーカップは、2段の引き出し式文具用ケースに。小皿・小鉢、中皿も同タイプの引き出しに。すべり止めマットを敷いて、引き出すときのガチャつきを防止。すべりやすいプラスチックの難点はこうして解決。

観音開きの扉を閉めれば、見た目はすっきり「平ら」に。

メモと計量をさっとすばやく。

孫とデザートの寒天をつくるのも、おかずを密閉容器に分けるのもカウンターで。そこで、寒天を量る秤、密閉容器に貼るラベルは、ケースにまとめて一番上の段に。「お願い！」と言うと、孫たちが自分で出して寒天の量を量ったり、ラベルを書いたり。

トレーはブックスタンドに立てて収納。

食事のときに使うトレーや大きめのプレートは、サイズも形も微妙に違う。重ねてしまうととり出しにくいので、ブックスタンドに立てて収納。幅の狭いタイプを選べば、種類ごとに分けることができるから、片手でもさっととり出せる。

Step 3

きれいをキープするには？

木	金	土
換気扇のそうじ スイッチ、 コンセントを拭く PCとTVの 液晶画面を拭く 毎日のそうじ	外出日（友の会） 毎日のそうじ	・照明器具を拭く ・ドア（蝶つがい）を拭く ・表札・ポストまわりを拭く ・ベランダを掃く 毎日のそうじ
家具のつや出し ベッドまわりのそうじ PCとTVの 液晶画面を拭く 本棚のホコリとりと 整理 毎日のそうじ	外出日（友の会） 毎日のそうじ	・照明器具を拭く ・ドア（蝶つがい）を拭く ・表札・ポストまわりを拭く ・ベランダを掃く 毎日のそうじ
ドアノブを磨く PCとTVの 液晶画面を拭く 天井、壁、カーテンの ホコリとり 毎日のそうじ	外出日（友の会） 毎日のそうじ	・照明器具を拭く ・ドア（蝶つがい）を拭く ・表札・ポストまわりを拭く ・ベランダを掃く ・フローリングにワックスを かける 毎日のそうじ
排気口の手入れ リモコンを拭く PCとTVの 液晶画面を拭く トイレ （換気扇の手入れ） 毎日のそうじ	外出日（友の会） 毎日のそうじ	・照明器具を拭く ・ドア（蝶つがい）を拭く ・表札・ポストまわりを拭く ・ベランダを掃く ・窓ガラスを拭く 毎日のそうじ

家の中が「平ら」なら、そうじはラク。物が出ているといちいちどかさなくてはなりませんが、平らならさっとひと拭き、ひとなでできれいな状態をキープできます。

それでも、うっかりホコリだらけ、水あかだらけという事態を避けるためには、「そうじ予定表」がおすすめです。表に従ってやっていくだけで、家中の「そうじの急所」を網羅できます。

道具と洗剤の選び方も大切。道具次第で仕事の早さや精度が変わります。私の基本洗剤は、セスキ水、クエン酸水、過炭酸ナトリウム。大体の汚れ落としは、これで事足ります。

1週間・1カ月そうじ予定表

	月	火	水
第1週	・浴室（壁と床を洗い、拭く） ・洗面所（引き出し・取っ手の汚れとり） ・洗濯機まわり ・トイレ（便器、タオルかけ、蛇口、棚のホコリ、汚れとり） 毎日のそうじ	外出日（友の会） 毎日のそうじ	・冷蔵庫（内外を拭く） ・リビング、寝室（家具、棚、桟、床の拭きそうじ） ・浴室（排水口のていねい洗い） 毎日のそうじ
第2週	・浴室（壁と床を洗い、拭く） ・洗面所（引き出し・取っ手の汚れとり） ・台所シンクまわりの整理とそうじ ・トイレ（便器、タオルかけ、蛇口、棚のホコリ、汚れとり） 毎日のそうじ	外出日（友の会） 毎日のそうじ	・冷蔵庫（内外を拭く） ・リビング、寝室（家具、棚、桟、床の拭きそうじ） ・浴室（排水口のていねい洗い） 毎日のそうじ
第3週	・浴室（壁と床を洗い、拭く） ・洗面所（引き出し・取っ手の汚れとり） ・トイレ（便器、タオルかけ、蛇口、棚のホコリ、汚れとり） 毎日のそうじ	外出日（友の会） 毎日のそうじ	・冷蔵庫（内外を拭く） ・リビング、寝室（家具、棚、桟、床の拭きそうじ） ・浴室（排水口のていねい洗い） 毎日のそうじ
第4週	・浴室（壁と床を洗い、拭く） ・洗面所（引き出し・取っ手の汚れとり） ・トイレ（便器、タオルかけ、蛇口、棚のホコリ、汚れとり） 毎日のそうじ	外出日（友の会） 毎日のそうじ	・冷蔵庫（内外を拭く） ・リビング、寝室（家具、棚、桟、床の拭きそうじ） ・浴室（排水口のていねい洗い） 毎日のそうじ

毎日のそうじ

台所
- レンジまわり、シンク、壁拭き
- 蛇口のから拭き
- 排水口をきれいに

リビング・寝室
- あさいちモップ
- 家具、棚、桟、ガラスのホコリとり

トイレ
- 便器をブラシでこすり、拭く
- 床を拭く

浴室、洗面所
- 浴槽、床、蛇口、シャワーホースを洗って拭く
- 洗面台をスポンジで洗う
- 鏡、床を拭く

玄関
- ほうきで掃く
- そうじ機でホコリを吸う

外回り
- ほうきで掃く

＊日曜日は「毎日のそうじ」をする。

＊部屋別・頻度別「そうじ分解図」(P.124) も合わせてご覧ください。

そうじ道具は更新していく

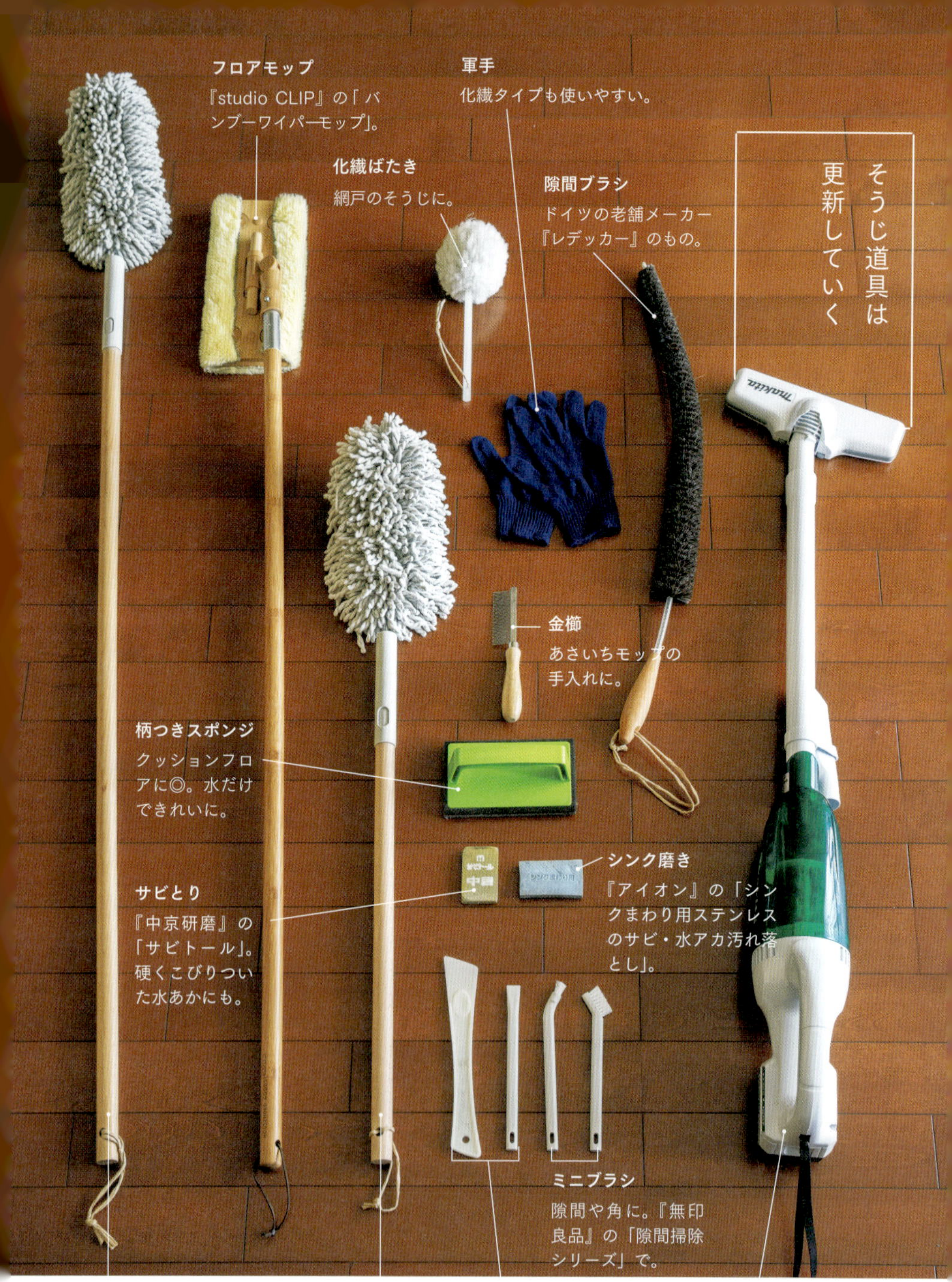

フロアモップ
『studio CLIP』の「バンブーワイパーモップ」。
軍手
化繊タイプも使いやすい。
化繊ばたき
網戸のそうじに。
隙間ブラシ
ドイツの老舗メーカー『レデッカー』のもの。
金櫛
あさいちモップの手入れに。
柄つきスポンジ
クッションフロアに◎。水だけできれいに。
サビとり
『中京研磨』の「サビトール」。硬くこびりついた水あかにも。
シンク磨き
『アイオン』の「シンクまわり用ステンレスのサビ・水アカ汚れ落とし」。
ミニブラシ
隙間や角に。『無印良品』の「隙間掃除シリーズ」で。

ハンディモップ（大）
『無印良品』のハンディモップ。柄は木製で長さ110cm。

ハンディモップ（小）
「大」と同じハンディモップのショートタイプ。長さ55cm。

へら
「こそげとる」にはこれ。大小あると便利。

コードレスクリーナー
『マキタ』の業務用タイプ。吸引力は抜群。

生分解する シンプル洗剤だけ

セスキ水

ベタつく皮脂、油脂系の汚れはセスキの出番。ぞうきんに吹きかけて使用。

クエン酸水

こびりついた水あかに。トイレのアンモニア臭を中和する効果も。

レモンオイル水

家具の手入れ、床のつや出しに。200mlの水にレモンオイルを2～3滴。

最近の
お気に入り

『ミヨシ石鹸』の「暮らしの重曹せっけん泡スプレー」。

『Parker & Bailey』社のレモンオイル。さわやかな香り。

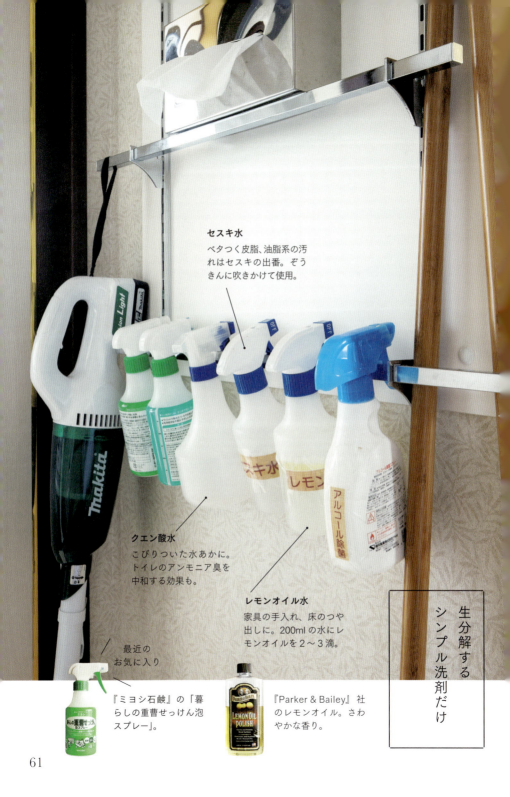

朝のタイムスケジュール

5:30
起床。体重をはかって、メイク。家全体の床をモップがけ。

5:45
食事の準備～食事。スムージー、野菜サラダ、ヨーグルト、パンを用意。

6:15
コードレスそうじ機でパンくずをそうじ。食器の片づけは夫が担当。

6:25
2人でテレビ体操。出かける日は準備。在宅日は読書や、音楽を聴く。

7:10
週2回、東京・池袋の友の家へ。在宅日はその日の仕事を。

生活していればホコリは立つもの。でも、昨日そうじ機をかけたばかりなのに、もう汚れがうっすら積もっているのを見ると、きりがないと感じることもありますね。

　空中に舞い上がったホコリは、8時間かけて床に落ちてくるのだそうです。だから、そのタイミングでそうじをするのが一番効果的。ホコリが再び舞い上がるのを防げます。その話を聞いてから、起きて身支度をしたらすぐ、家中にモップをかけるのが日課になりました。名づけて〝あさいちモップ〟です。

　目に見えるゴミを指で拾ってから、モップをかけます。モップの先につけるぞうきんは、ぬいぐるみの余り布をもらってつくったもの。毛足が長いので、ホコリをしっかりからめとってくれる上、洗って何度でも使えるから経済的。

　『マキタ』のコードレスクリーナーも愛用して何代目かになりますが、朝の6時前に使うとなると、ちょっとうるさいのが難点。その点、モップなら音がしませんから、朝そうじにぴったりですね。週2回、7時過ぎには家を出ますが、あさいちモップだけは欠かしません。

　毎朝続けていると、同じホコリが何度も舞い上がることがないせいか、ある日、棚の上もあまり白っぽくならなくなった！　と気づきました。効果を実感すると嬉しいから、ずっと続いています。

あさいち
モップから始まる

手袋そうじでスイスイさっぱり

軍手

百円均一の物で十分。
３つほどあると便利。
乾いたまま使います。

1

椅子の背側に立ち、笠木（背板の上の部分）からスタート。

2

笠木から背束《せづか》に沿って握り、両手を対称になで下ろす。

3

幅のある背板は両手を使って拭く。

4

後脚を握り、下までなで下ろす。

5

椅子の向きを変え、貫《ぬき》の部分をぬぐう。

6

デコラティブな形の前脚は指先を使ってていねいに。これで完了。

飾り棚の桟は指先でさっとひとなで。

今でこそ、「これ、そうじに使えないかしら?」「棚の仕切りにいいんじゃない?」と、そうじ用品ではない物を見て、あれこれ思いつくようになりましたが、これは友の会の先輩方の影響が大きいのです。若いころは、新しい商品や家事のアイデアを予想外の方法でとり入れる先輩の姿から、たくさん刺激を受けたものでした。

手袋そうじもその1つ。入り組んだ場所には「軍手を使えばいいのよ」とさらっと言われたときには、そうじはぞうきんでするもの、と思いこんでいましたから、びっくりしたのを覚えています。

手袋そうじのよいところは、指先まで力が入るところ。ぞうきんでは届きにくい、狭い場所や細かなところが得意です。わが家のダイニングテーブルと椅子は、脚がデコラティブなデザインなので、ホコリが入りこみやすい。それも爪を立てて指先でなぞれば、すぐとれます。

そのほか、揺り椅子の細いスポークは握ってなで下ろせばすぐですし、棚のガラス戸の桟など、力の入れ加減が難しい場所でも本領を発揮します。ドアの取っ手など、立体的な形の物も、形に沿ってぬぐえばピカピカになります。

手袋をしていると、ついついあちこちを拭きたくなってしまうので、1回のそうじで3つほど使います。使い終わったら、そのまま手洗いの要領で石けん洗い。吊るして乾かしておけば、いつでも気持ちよく使えます。

ドアの取っ手は両手でぬぐうように。

山﨑さんとレッスン2

家も頭の中もシンプルそうじでクリアに

（『かぞくのじかん』vol.38より）

「クエン酸水」「セスキ水」「過炭酸ナトリウム」。この3つで家の中の汚れはほぼカバーできます。予定を立ててとり組めば、〝手つかず〟なし。

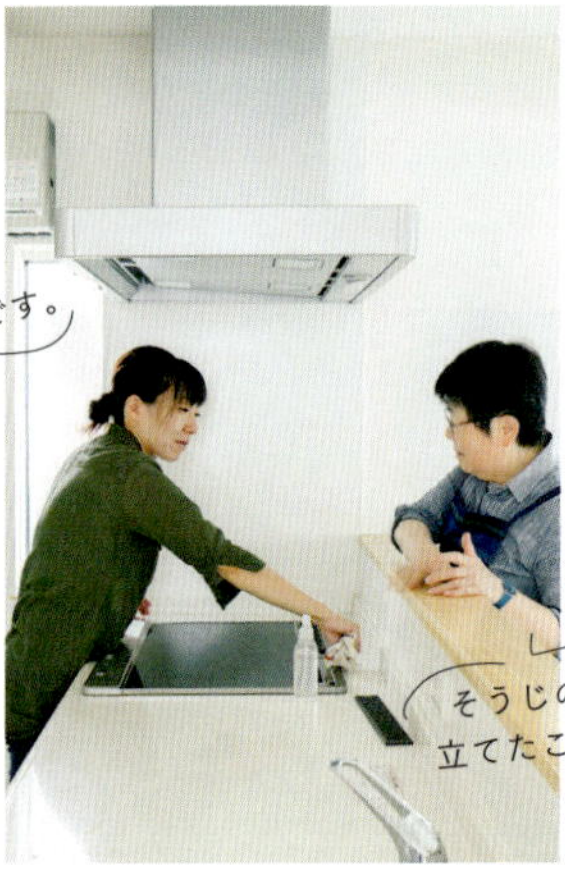

▶教わる人
桑原弓絵さん
三兄弟のお母さん。三男の育休中（当時）。「できるときにできるところを」のそうじスタンスで、手つかずの場所もあちこちに。

山﨑　明るくて気持ちのいいお宅ですね。

桑原　引っ越してきてもうすぐ4年になります。家具や壁は白い物が多くて、汚れが気になるけれど、なかなか手がまわりません。

山﨑　そうじの予定を立てたことはある？

桑原　考えてみたこともないです。年末は大そうじする時期だなと思いながら、何もしないで過ぎていくことが続いていますし、普段も汚れが気になったら、アルコール除菌スプレーをしてティッシュで拭いてみたり、水拭きしたり、そのときの気分です。

山﨑　子どもが小さいと、まとまった時間をとるのも難しいのよね。だからこそ、短い時間の積み重ねで、きれいに保てるといいなと思います。赤ちゃんが寝ている10分で、お母さんに元気があれば、家中のドアノブやスイッチまわりをきれいにできますよ！

桑原　〝赤ちゃんが寝ている間に〟ですね。それならできそうな気がします。

桑原さんの家にあった洗剤の一部。用途別に使い分けていたら、増える一方に。

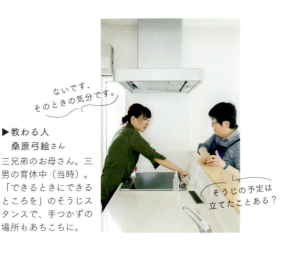

洗剤別・そうじにかかる時間は？

3種類のシンプル洗剤を使った、
そうじにかかる時間をまとめました。

	過炭酸ナトリウム	セスキ水	クエン酸水
10分以内		○家電のベトベト拭き（炊飯器、電気ポットなど） ○ドアノブ、スイッチ拭き ○おもちゃ拭き	○蛇口のくもりとり ○シャンプーボトルのぬめりとり ○トイレの便器そうじ
30分以内	○排水口洗浄（シンク、浴室、洗面台）	○廊下、階段拭き ○照明器具拭き ○浴室の全体そうじ	○トイレの壁、床のていねいそうじ
30分以上	○ふきんなどのつけおき洗い、煮洗い ○洗濯槽のカビとり ○バスタブのふた、風呂椅子などのつけおき洗い	○五徳のつけおき洗い ○換気扇そうじ ○上履きつけおき洗い	○トイレの尿石とり ○浴室扉、シャワーヘッドのこびりつき ○水筒の内側のつけおき洗い

1 予定を立てる

いきあたりばったりの〝思いつきそうじ〟では、1年に1度もできない場所があったり、がんばりすぎて疲れたり。隅々まで、少ない労力できれいにするために、そうじの予定を立ててみましょう。

上の表を参考にかかる時間をつかんだら、週、月、季節、年単位で、いつ、どこをするかを考えます。

クエン酸水

水まわりのにおい、白くこびりついた水あかに。

配合　水200ml＋クエン酸小さじ1

扉隅の硬い汚れに。

浴室のドアの角に蓄積して硬くなった汚れは、クエン酸水でゆるめてから拭きとります。とりきれない場合は、ヘラなどでこそげとります。

蛇口、シャワーの穴。

汚れにスプレーしてしばらく待ち、ウエスやブラシなどでこすって水洗いすると、金属部分がピカピカに。シャワーの穴の汚れはつまようじなどでかき出して。

ボトル底のヌルヌル。

シャンプーボトルやお風呂用のおもちゃなどについた水あか、石けんかすに吹きかけて。さっぱりさせると、入浴時間がさらに気持ちいい。

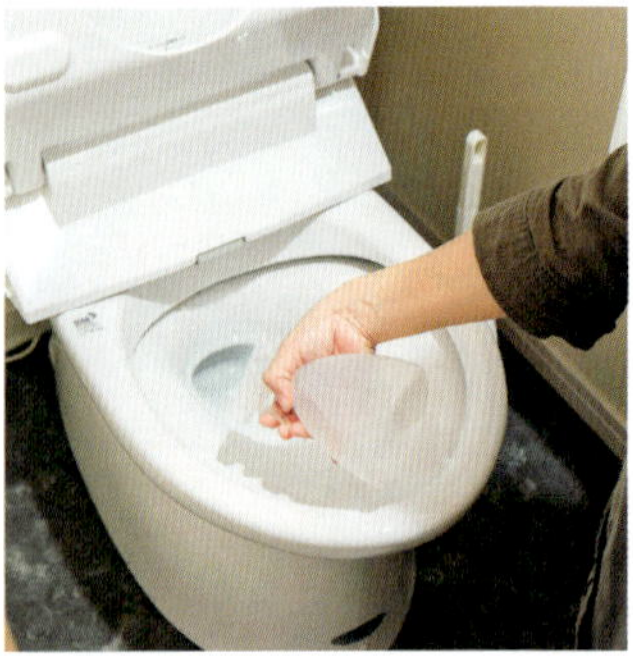

トイレにはこれ1本！

便器も床も手洗器も、シュッとひと吹き。ペーパーなどで拭き上げます。便器と床の隙間ににおいの原因が潜んでいるので、念入りに。

セスキ水

台所の油汚れ、家中の皮脂汚れに。

配合　水 200ml ＋セスキ小さじ 1/2

裸足で歩く床や階段。

白木でなければ、塗装された木部にもセスキ水は使えます。ワックスがとれてしまう心配があれば、隅の部分で試してからにしましょう。

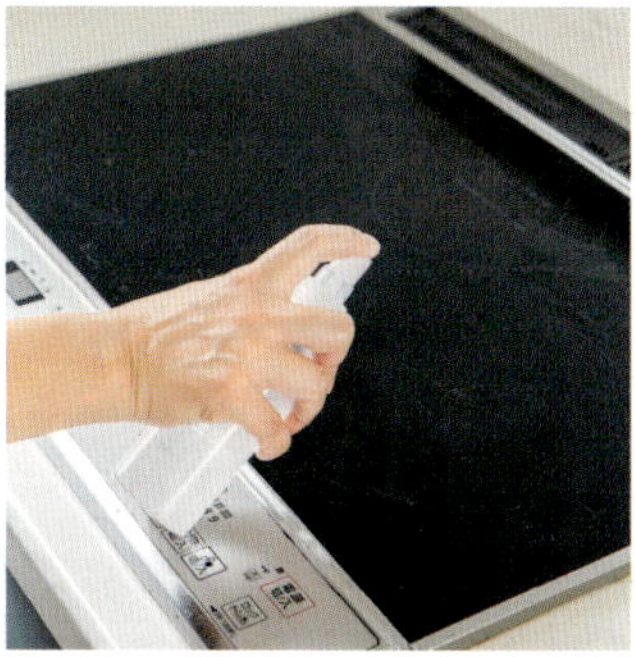

コンロまわりの油汚れ。

コンロに飛び散った油汚れにひと吹きして拭きとると、それだけでさらりとします。壁やレンジフードカバーもこまめに拭く習慣を。

赤ちゃんのおもちゃ。

口でなめたりする赤ちゃんのおもちゃは、清潔にしておきたいもの。セスキ水で汚れを浮かせたら、よく水洗いして乾かします。

キッチンの電化製品。

油汚れが付着したり、スイッチ部分に手あかがつきやすい電化製品。とてもさっぱりするので、1日に1カ所してみましょう。

過炭酸ナトリウム

湯に溶かして漂白・殺菌・カビとり。

＊酸素系漂白剤として売られているものは、
「過炭酸ナトリウム100 %」を選びましょう。

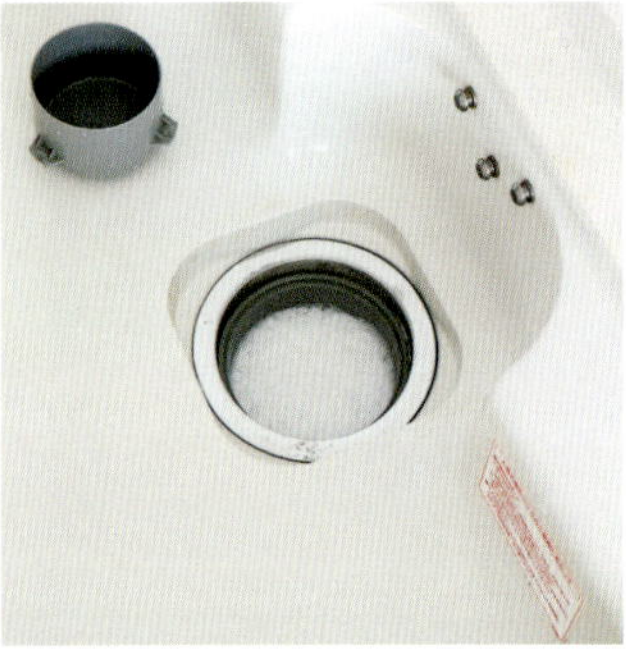

排水口の汚れ、においとり。

少量の湯で排水口を温めます。過炭酸ナトリウム大さじ２～３を入れ、縁から 50 ～ 60℃の湯 500ml を流しこみ、発泡後１時間～１晩おいて洗い流します。

洗濯槽のカビ退治。

50℃の湯を最高水位まで入れ、10ℓにつき 100g の過炭酸ナトリウムを入れて３分間攪拌。３～４時間おき、再び攪拌。黒カビが出なくなるまで、水を換えて攪拌を繰り返します。

ぞうきんも時々漂白。

繰り返し使っているうちに黒ずみが気になったら、40 ～ 50℃の湯３ℓに過炭酸ナトリウム大さじ２を溶かしてつけおき。湯温をキープするのがコツです。

浴室・洗面所のカビ落とし。

50℃の湯 200ml に過炭酸ナトリウム小さじ１、粉石けん小さじ 1/5 を入れて溶かします。ティッシュペーパーに含ませて湿布した後、歯ブラシや割り箸でこすり落とします。

教えて！
山﨑さん。

シンプルそうじの Q & A

わからないことがあると、
手軽にできるそうじなのに
敬遠してしまうことも。
小さな疑問を解消して
頭の中をクリアに。

シンプル洗剤のよい点はどこですか？

「配合されている成分が自然界で分解する」「刺激臭がなく、香料が入っていないので気分が悪くならない」「手肌が荒れにくい」という点が、私のおすすめポイント。そして専用洗剤をあれこれ買うより、長い目で見ると安価です。人が生活していく上で、そうじはなくなりません。環境や人にやさしいものを選んでいきたいですね。

今まで使ってきた重そうが残っているのですが……。

水に溶かして重そう水にすると、セスキと同じように使えます。ただ汚れの落ちやすさでは劣るので、軽い汚れ向き。セスキと大きく違う点は、研磨剤として使えること。カップの茶渋やくすんだシルバーのアクセサリーにふりかけて、スポンジや指でこすると、汚れがみるみるうちにとれますよ。脱臭効果も期待できるので、靴箱のにおいとりにも。

トイレそうじは毎日しなくてはだめ？

毎日すれば1～2分で済むことも、汚れがたまると5分、10分と時間がかかります。子どもが小さい、家族に男の子が多いなど、汚れやすい原因があるご家庭なら、なるべく毎日できるといいですね。寝る前に便器の中をさっとブラシでこすると、汚れがたまりにくくなります。この数秒を惜しまないで！ トイレの床は意外と尿が飛び散っているので、クエン酸水でひと拭きを習慣にすると、きれいをキープできます。

ホコリの正体は何ですか？

人の体からはがれ落ちた乾燥した皮脂のほか、着脱するときなどに落ちる衣服の繊維、紙類から出る細かいゴミ、空気中のチリなどが混ざりあっています。生活をしていれば、自然に出るものが集まって「ホコリ」になるというわけです。

『アルカリと酸で洗う本』
（せせらぎ出版）

石けんやアルカリ、酸などの洗浄剤についての情報サイト、生活と科学社「石鹸百科」が監修。化学的な特性から使い方、応用の仕方まで、わかりやすく詳しく解説されています。

コラム2

片づけると
リラックスする？

羽仁もと子著作集『家事家計篇』の「掃除のしかた」には、《掃除のもとになるのは、物の置き場所だということを、まず何よりも心に入れることが大切だと思います。物の置き場所がわからなければ、掃除はてんでできるものではありません。物の置き場所は、家々で必ずきまっています。気をつけてまちがいのないようにしなければなりません》とあります。そうじの前にはまず、片づけが必要なのですね。

わが家のオープンハウス（P.117参照）にいらした方が「これまで、散らかっているほうが落ち着くと思いこんでいましたが、きれいなほうが居心地がいいですね」。そんなふうに思っている方、意外と多いかもしれません。

ビンテージのカップでコーヒータイムを。

先日、医師の小林弘幸さんの本を読んでいたら、《片付けという行為には、副交感神経を高め、気持ちを落ち着かせる作用がある》とあって、深く納得！　散らかっていると交感神経が活発になり、イライラ、カリカリ。

片づけをすると、気持ちが若返ります。部屋がきれいになれば、新しい自分になれるのですから。

Method 3

時間を整理する

終わりの時間、決めていますか?

もう何年も前になりますが、『かぞくのじかん』の特集記事で、2歳の子どもがいるお母さんのお宅にそうじのレッスンに伺いました。彼女の悩みは「そうじ機かけ、ぞうきんがけに2時間もかかる」というもの。手早く終わらせて、午前中には息子を公園に連れて行きたいと言います。そこで「終わりの時間を決めてみては?」という話をしたのです。

友の会では「時間で暮らす」という言い方をしますが、1日のスケジュールを立てても、多くの場合、「終わりの時間」があいまいになりがちです。終わりが時間通りにいかないと、次の予定も時間通りに始められません。いつも予定の半分もできないという人は、「終わりの時間」を意識してみてください。「次」のために終わらせる、そんな意識があってもいいと思います。

7 July 2019
SUN MON TUE WED THU FRI SAT
30 1 2 3 4 5 6
7 8 9 10 11 12 13
14 15 16 17 18 19 20
21 22 23 24 25 26 27
28 29 30 31 1 2 3
4 5 6 7 8 9 10

Step 1

「生活時間しらべ」で生活が見える

1日1440分のうち、家事時間は302分でした。
そのうちの約半分は
食にまつわる時間です。

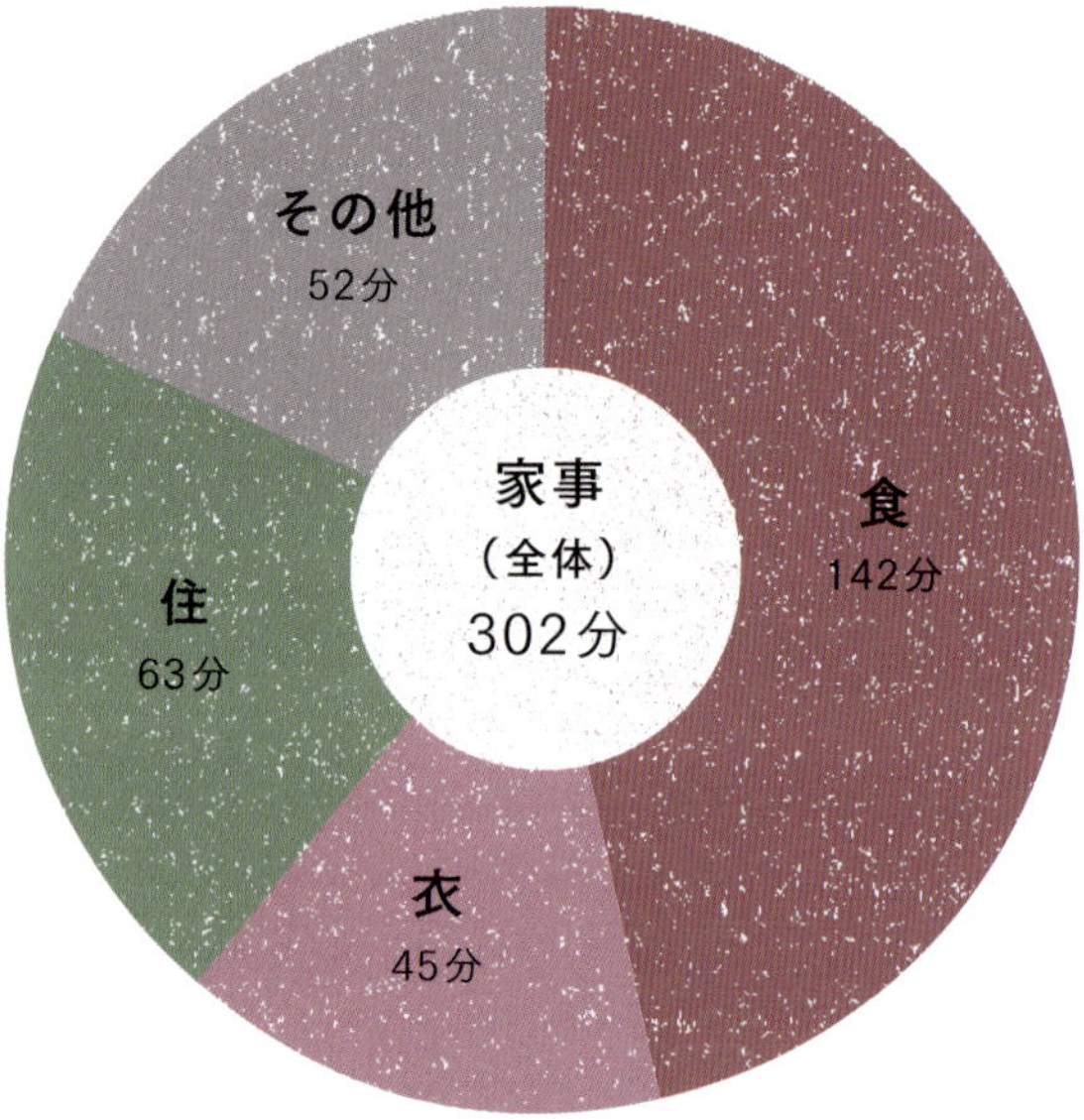
家事
(全体)
302分
食
142分
衣
45分
住
63分
その他
52分

(「全国友の会　生活時間しらべ・2014年」より)

「生活時間しらべ」というのは、5年に1度、全国の友の会会員が、朝起きてから寝るまで、何時に何をしたかを1週間、記録する調査で、1959年から続いています。

食事の支度は赤、仕事は青という具合に色分けしていくと、自分の生活が目に見えるようで、毎回大きな気づきがあります。子どもの成長につれ、育児時間が減り、職業や社会的活動の時間が増えるといった変化もさることながら、おもしろいのは、食事の支度やそうじ、洗濯にかけている時間がわかること。

生活を変えるには、時間とお金の使い方を変えること。相模友の会では「暮らしを変える時間とお金の使い方」が合言葉です。時間しらべでは時間の使い方が見えてきます。もし時間しらべをしなかったら、私の生活も変わらなかったでしょう。

時間の整理が時間を生み出す

時間の使い方は、子どもの成長、参加する活動などによって、どんどん変わっていくものです。

私の時間管理ツールは『Diary for simple life──主婦日記』（婦人之友社刊）。予定が決まると、色別のシールを貼っていくのが私流です。青は友の会、住（そうじなど）は赤、歯医者など保健衛生関係は緑など。

こうすると生活のバランスが一目瞭然。パラパラとページをめくっては1週間、1カ月、1年を俯瞰します。もし、自分のための時間が足りなければ、夏にまとまった時間があるからあれをしよう、など、したいことを考えていくこともできます。

上・今年で43冊目になる『Diary for simple life ──主婦日記』の一部。年、月、週の予定がきちんと把握でき、家事がすっきり回る。日記のほか、天気や体調なども記録。左・予定ごとにカラーシールを貼って、公私のバランスをチェック。写真はシール用紙に印刷して貼り、アルバムがわりにも。

2分仕事、5分仕事、10分仕事

実際のところ、皿洗いや窓拭きにどのくらい時間がかかっているかを計ってみたら、皆さん拍子抜けするのではないでしょうか。あんなに億劫に思えた皿洗いが5分、1部屋分の窓拭きだって、道具が揃っていれば10分とかからないのですから。

そうやって「何分で何ができるか」を自分のものにしていくと、生活はうまく回り始めます。まずは、10分でできる「10分仕事」を増やしていくといいですね。

実際に手を動かすとわかりますが、10分は意外と長いもの。友の会で「10分で何ができますか?」というテーマの発表があったときには、「そんなこともできるんだ」といろいろ参考になったものです。

今の私は、あさいちモップなら2分、はたきかけも2分。床の「平ら」や道具が揃っているなどの条件もあると思いますが、普段は2分仕事や5分仕事が中心です。

こうして、ひと仕事にかかる時間の感覚が身につくと、「いつかやろう」ではなくて「10分あるから、今やろう」と、発想が変わってきます。

また、例えば午後から外出という日でも、着ていく服にアイロンをかけるのに何分、身支度に何分という具合に、「終わりの時間」から逆算して考えられるようになります。いつもバタバタ、時間に追われるようだった生活が、こうして変わり始めるのです。

2分仕事

2分あれば、あれもこれも。

便器をブラシでこすり、外側を拭き、床を拭く。「毎日そうじ」のトイレメニューは2分で完了。湿った化学ぞうきんで洗面台、乾いた化学ぞうきんで鏡と蛇口を拭き上げる「ついでそうじ」や、椅子の手袋そうじは、2分を切る勢い。

5分仕事

1フロア分のそうじ機は5分。

週2回、洗面所→台所→リビング→寝室→主婦室→廊下の順にそうじ機かけ。コードレスクリーナーを使うので、コードを差し替える手間もなく74㎡が5分で終了。2週に1度、自走式そうじ機でフォローすれば、隅々までスッキリ。

10分仕事

外回りは10分で完了。

玄関ポーチは毎週土曜に手袋そうじ。門扉をなで、柵は1本1本ぬぐいます。床はモップに古いぞうきんをつけて水拭きすれば、細かな塵埃もとれます。床の面積を4分割して、1区画につきぞうきん1枚を目安に。

Step 2

基本時刻を決めて暮らす

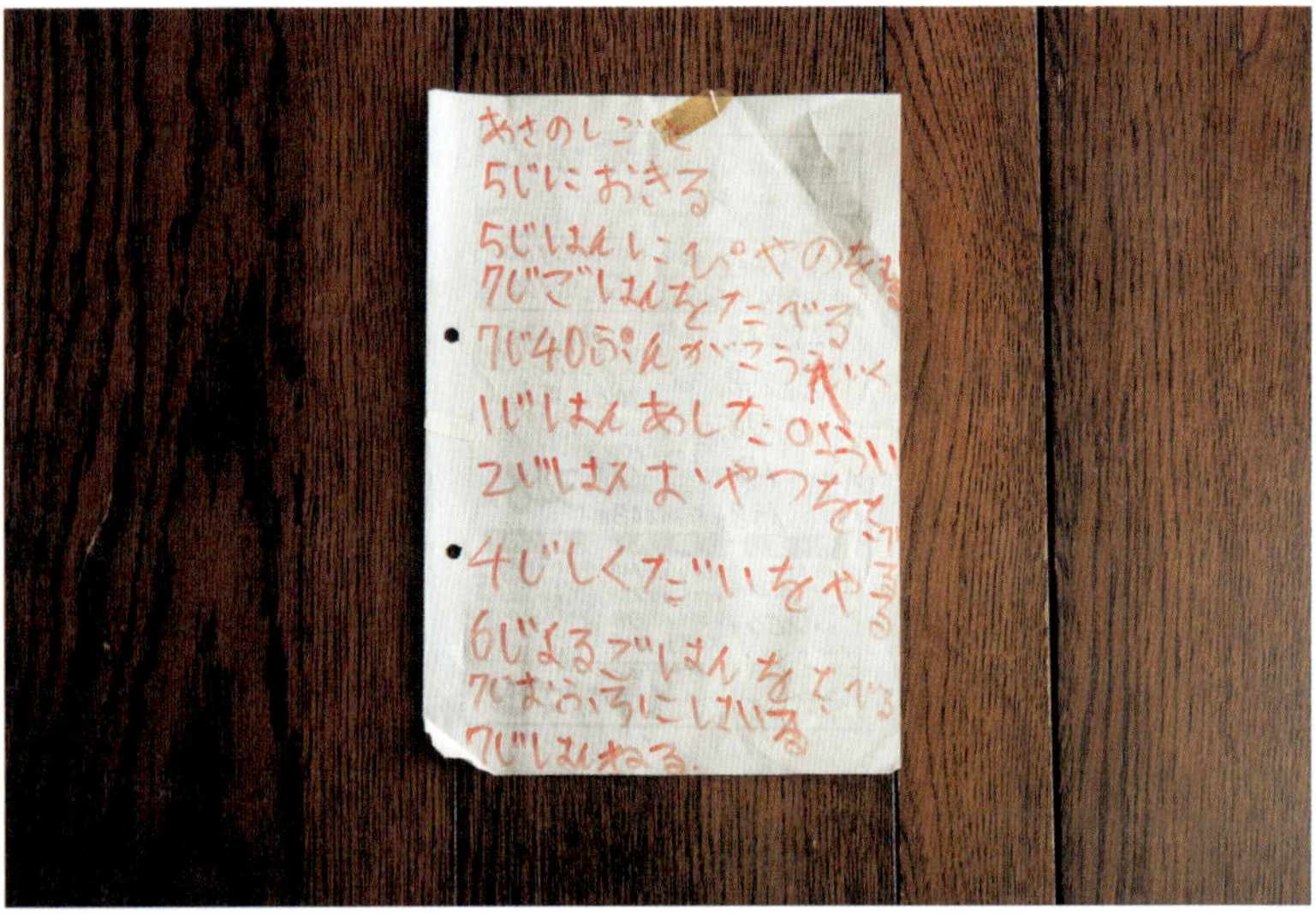

「5じにおきる」「7じはんねる」。娘が小学生のころに書いた1日の予定表。

長女を出産して間もないころ、娘と2人、毎日をなんとなく過ごしていました。ゴミ出しついでに近所のお母さん仲間とおしゃべり。子どもを遊ばせながら、おやつやごはんも一緒に食べて、気づくと夕方……。はじめは楽しかったのが、だんだん、このままでいいのだろうかと不安になったことを覚えています。

もし、私の若いころと同じ人がいたら、朝、昼、夕の食事時間を決めてみてください。すると、自然と生活にリズムが出てきます。毎日、同じ時間に同じことをしていると、子どもも先々の見通しがついて、落ち着いて過ごせるようになるものです。

守りたい時間がはっきりするということは、私はこうする、という意志を持って生活すること。そうして生まれた生活リズムが、その人らしさになっていくのです。

私の基本時刻

外出日（火・金）		在宅日（月・水・土）
起床	5:30	起床
朝食	6:00	朝食
そうじ（20分程度）		
外出	7:00	
	8:00	そうじ・洗濯
	9:00	↓
	10:00	
	11:00	
		昼食
昼食	12:00	
	13:00	
	14:00	
	15:00	午後の家事
	16:00	
	17:00	
	18:00	夕食
	19:00	
帰宅		
	20:00	
夕食		
	21:00	
	22:00	
就寝	23:00	就寝

夕食準備は
スピーディーに。
20時には
「いただきます」

外出日のそうじ時間は「20分程度と決めています。あとは夫任せ」。帰宅して30分後には夕食。これも、「ただいま動線」と夫の協力があればこそ。

＊日・木曜は教会へ。
半日程度の外出。

週３日の在宅日は、
定刻の食事が柱。

５時30分起床、６時朝食は365日変わらない基本時刻。家事は午前と午後に分け、集中してていねいに。18時には孫たちと食卓を囲む。規則正しさが心地よい１日。

生活リズムが
その人らしさを
つくる

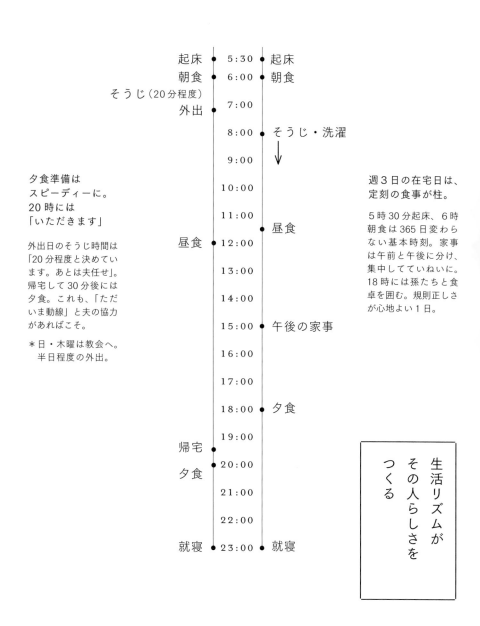

「寝る前の家」

《手早く仕事にかかろうとすれば、またいつでも後始末をよくしておかなくてはなりません。私はこの意味で、早くから「寝る前の家」ということを考えています。一日の生活が終わった時に家中のあとの始末をよくしておけば、朝はほんとうに気持のよいものです》（羽仁もと子著作集『家事家計篇』より）

『婦人之友』を創刊した羽仁もと子の著作集は、折に触れて読み返します。ここで言う「寝る前の家」とは、いわば1日のゴール地点。終わりをどう締めくくるかで、翌朝

のスタートが違ってきます。

わが家の場合は、台所を「真っ平ら」にします。シンクは空っぽにして、外にはコーヒーメーカーと翌朝使うジューサーを出しておくだけ。

平らにすると、ガス台のベタベタも、調理台のこびりつきもすぐわかります。全部きれいにしてシンクを磨き、最後はタオルで拭き上げます。

家によっては、食卓を平らにする、リビングを片づけるというところも。

とはいえ、疲れて子どもと一緒に寝てしまう日もありますね。そういうときは、潔くあきらめて、翌朝元気に起きられたらハナマルです。今できることから、あなたなりの「寝る前の家」を目指していってください。

10日に１度のねじ巻きを続けて、半世紀近く。実家近くの谷中の時計店で購入したとき、すでに80歳でした。古い物に惹かれるのは骨董好きの父の影響かもしれません。

暮らしの質を高める家具を、時間をかけて揃える

私たち夫婦は学生結婚。6畳と4畳半の二間を借りて暮らし始めたとき、家具といえば化粧板の食卓と椅子しかありませんでした。

この柱時計と出あったのは、そんな新婚時代。ドイツから輸入した部品を「東京時計製造」が丹念に組み立てたもので、基部のくびれや面取りの技、文字盤の美しさに魅せられてしまい、2万5000円という当時としては大枚をはたいたのです。

ガラスが割れて修理をしながらも、この時計はずっとわが家の歴史とともにありました。6度目の引っ越しでこの家にきたとき、亡くなった長女が「ここ」とかける位置を決めました。そのときから、柱時計が部屋の中心に。インテリアも柱時計をベースに決まっていったのです。

家は生活の場なので、整えても絶えず崩れます。それを戻そうという気力がわくかどうかは、今の居心地のよさをキープしたいと思えるかどうか。よく考えて揃えた道具が家事の効率を高めるように、暮らしの質を高める家具は、それなりのお金や時間をかけても揃える価値のある物だと思うのです。

入居時のリフォームの際、今は寝室にある、娘の結婚記念に買った絵に合わせて辛子色の壁に。アンティークの家具との相性もよし。

家具はおもにイギリスのアンティーク。手前の棚2つは奥行きと高さを揃えて面に一体感を。奥の本棚には夫の蔵書。扉を閉めれば、背表紙も目立たない。

2代目のライティングデスク。主婦室ができる前は、ここで家計簿つけなどの家庭事務を。上の飾り棚は時々入れ替えて楽しむ。隣は1人がけのセティ（P.90参照）。

心を豊かにしてくれる物との出あい

暮らしを楽しむ感性が
育つのも家庭の中。
ずっと愛せる物だけを
迎え入れて。

動物たちがお出迎え。

ライティングデスクの折り畳みデスクを広げると、動物のミニチュアが。時々ここで宿題をする孫のために、遊び心のある仕掛け。

窓から丹沢山地の眺め。

リビングの窓の向こうに悠々と広がる山並みに心洗われる。「夕映えがすばらしくて、カーテンを閉めるのがもったいないほど」

ソファでなくセティ！

ソファの原型といわれる「セティ」。ソファは、下のそうじがしにくいので、違うタイプを探し巡りあった。セットで揃うのは珍しいとか。

岡本太郎作の鯉のぼり。

毎年5月に飾る室内用の豆鯉。娘が、青山の岡本太郎記念館で買ってきてくれた物。家の中を鯉が泳げば、気持ちも元気に。

専門書がずらり。

夫の書棚には数学や化学の専門書が並ぶ。ガラス扉の格子は初期のステンドグラス。「歴史を感じられる物があるって、いいですね」

デザインの本から学ぶ。

「気になると集中して勉強する癖があるから」。デザインなら柏木博さん、インテリアは内田繁さん、家事は町田貞子さんの本を愛読。

アヒルの親子がこんにちは。

道路を渡るアヒルの親子のために車が止まった、というエピソードから生まれたデンマークの木製オブジェは、夫からのプレゼント。

コラム3

真夏のレタス事件

まだ長女が1歳、2DKの小さなアパートに住んでいたころのこと。夏の暑いさかりに〝お買い得〟の言葉に誘われて、私はレタスを2玉買いました。それから1週間後、冷蔵庫と壁のすき間に何か黒い物があると、何気なく目をやりました。すると、そこには真っ黒になったレタスが！　冷蔵庫に入りきらなかったのを置いたまま忘れていたのです。そして、夫から任された給料でようやく購入できたカーペットに、大きなシミが残ってしまいました。

「どうしよう、こんな失態を夫には話せない」

『羽仁もと子案 家計簿』は新米主婦の味方。

と、激しい後悔でいっぱいになったことを今でも忘れません。

考えてみれば夫婦2人、サラダ以外に食べ方を思いつかない新米主婦が、レタスを2玉も買って〝お得〟なはずがなかったのです。この苦い経験をもって私は〝お買い得〟の言葉には気をつけようと、決心しました。もちろん、その決心が揺らぐこともありますが……。

小さなことでも、何をして何をしないか、その決心の積み上げが人生をつくっていきます。このとき私は初めて、「決めて暮らす」ことを学んだのです。

Method 4

家族が動く仕組みをつくる

夫婦になっていく

　朝は、夫が食洗機から食器を出すカチャカチャという音で目が覚めます。台所へ行くと、カウンター上には、すでに朝食の食器がスタンバイ。それから定番の朝ジュースをつくり、サラダ、パンを盛りつけて、コーヒーを淹れるのが私の担当。

　夫は定年退職してから、家事を始めました。最初は上手にできないのを頭ごなしに否定してしまい、後悔したことも。それからは使いやすい道具を勧めたり、してくれたことには喜び、伝え方を工夫してきました。

　結婚当初、夫は大学を出ても仕事につけず、私は不安からプチ家出。そんなスタートでしたが、今日までやってこられたのは、思ったことは、何でも口に出して話し合える関係があったから。それを繰り返して、関係が密になっていくのも、夫婦なればこそと思うのです。


５時半過ぎ、夫が朝食の食器を並べ始める音が聞こえたら「お腹が空いた」の合図。

朝食の支度は役割分担

換気扇をオン！
カバーがぴたっと
吸いつく。

交換した日付を
忘れずメモ。
とりつけ完了！

フェアな関係は任せることから

初めて夫が換気扇カバーを換えたときのこと。汚れたカバーを外したら、新しいカバーをつける前に、換気扇のスイッチを入れたのです。「しぜんにカバーが張りつくじゃないか」。私には思いつかなかった！ 最後に、隅に赤ペンで日付を書く。感心しました。

家事を引き継ぐときは、つい細かく指図しがち。でも、すっかり任せてしまえば、思いもしなかった創意工夫が生まれてくることがあります。それを採用しない手はないですよね。

下ごしらえした冷蔵庫の野菜、茹で卵、常備菜を彩りよく盛りつけて。火を使わないので、あっという間に完成。

すべて引き出し式、すべてにラベリング。
トレーがあると、中の汁などがこぼれてもそうじがラク。

みんながわかる冷蔵庫があれば

夫が定年退職して家にいる時間が増えてから、冷蔵庫の中をよりわかりやすく、手にとりやすくと心がけるようになりました。

冷蔵庫は奥行きが深いので、奥の物は手が届きにくい上、忘れやすい。そこでトレーの出番。トレーごとにまとめてラベリングしたら、あとは引き出すだけ。私が留守のときも、夫が自分で昼食を用意できるようになりました。

冷蔵庫の収納ができたら上級編。自分だけがわかればよしではなく、家族の目線になって考えてみてください。

朝ジュースの引き出し

生姜のすりおろし、茹でて刻んだ野菜をセットに。豆乳とジューサーにかけて２分で完成。

おかずの引き出し

左から高野豆腐の煮物、はりはり漬け、魚肉ソーセージとピーマンのカレー炒めの常備菜。

デザートの引き出し

孫も楽しみにしているデザートは寒天ベース。切ったフルーツやあんことあんみつなどに。

茹でておく

週2回、持参するお弁当用の茹でブロッコリー。サラダやスープのトッピングにも。

せん切りに

人参はフードプロセッサーであっという間にせん切りに。刻みものに時間はかけません。

野菜は切って茹でて、食べきる

野菜を買ってきたら、切ったり茹でたりしてから冷蔵庫へ。ここまでしておくと、とりかかりやすさがまるで違います。料理に使うほか、サラダやつけ合わせに。だいたい2〜3日で食べきります。

むしろ、そこまでしないと野菜って食べられませんよね。料理のたびに洗うところから始めるのは大変。洗っておく、皮をむいておくだけでも違います。ただ、切ったらどんどん食べるのが条件。たくさん食べられていいけれど、野菜に追われるようなときもありますね（笑）。

肉・魚は焼くだけ、盛りつけるだけ

家に帰ったときに一番いいのは、夕食の材料が全部揃い、あとはこれをすればいいだけ、と思えることだと思います。

つくねのタネやパン粉をつけたアジなど、わが家の冷蔵庫には味つけ済みの肉や魚が必ず入っています。これに常備菜があれば15分後には食卓が整う、心の余裕の素。

ラベリングしたトレーにずらりと容器が並んでいれば、あと2〜3日は大丈夫と見通しが立ちます。逆に足りない物もすぐわかる。わかりやすい冷蔵庫は、私にとっても心強い存在なのです。

焼いて・ほぐす

肉あんは詰める

左・塩鮭は焼いてほぐしておくと、お弁当や孫のごはんが進まないときにも重宝します。右・ピーマンの肉詰めは、あんを詰めるところまでしておけば、手を汚さず焼くだけ。

冷凍庫の引き出しは200×45cmの帆布を蛇腹折りにして仕切りに。

ラベルは皆の味方

ラベルとは「物が帰る場所の住所」だと思っています。せっかく置き場所を決めても、家族は知らないとなると、結局、物を出すのもしまうのも、お母さん1人がすることになってしまいます。

ラベルをつけるということは、公共性が加わるということ。「とり出しやすく、しまいやすい」という言葉の中には、「誰にでも」という意味が入っているのです。

置き場所が変わったときも、ラベルさえあれば、速やかに移行できます。夫から苦情が出たら「大丈夫、ラベルが貼ってあるから」。まるで、「ラベルについてこい」。俺についてこいじゃないけれど（笑）。

誰もが気持ちよく物の場所を知って、使って、迷わずに戻す。ラベル貼りは、そのための大切な仕組みだと思います。

カウンター上の吊り戸棚には、来客用のカップ&ソーサーがカゴに。入っている状態のまま撮影した「写真のラベリング」が好評。

カトラリーは普段使いから来客用、予備までシンク上の吊り戸棚を階層化して集約。種類別のラベリングで、中が見えなくてもわかる。

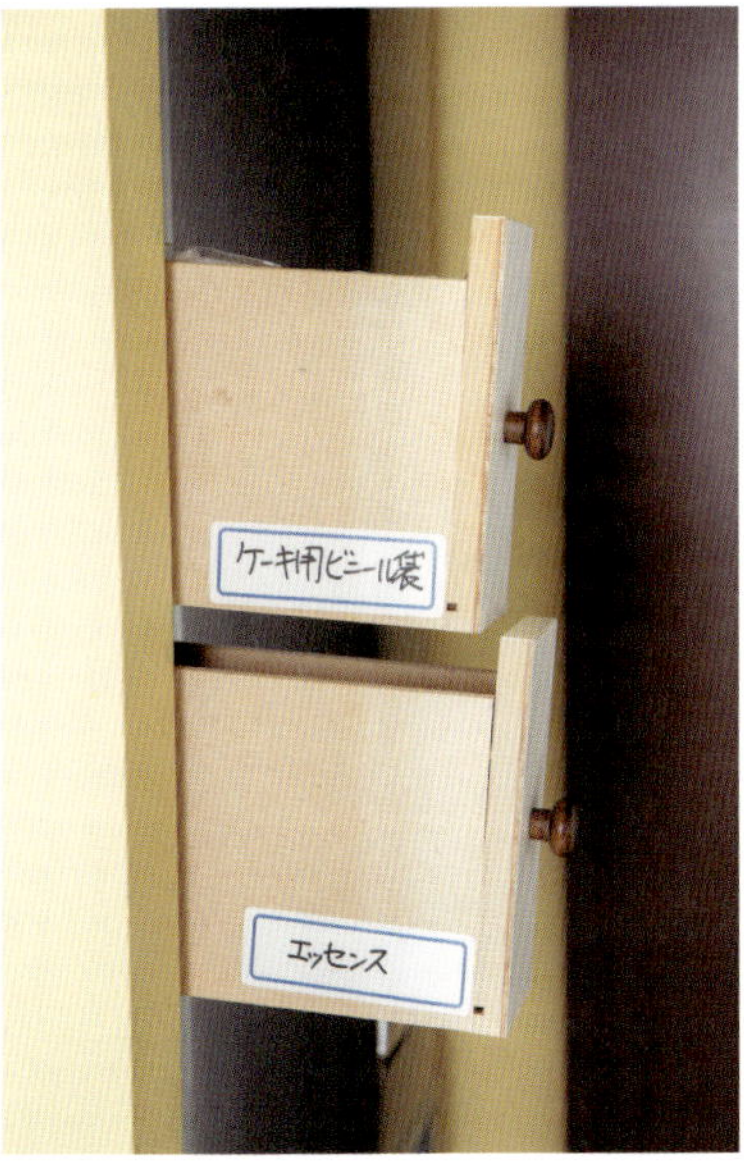

通信販売で購入した10cm幅の隙間収納家具を冷蔵庫脇に設置。のぞきこめない高い位置の引き出しは、側面にラベルを貼って解決。

ガス台下の引き出しラックには、基本の調味料の「小出し」を。見分けがつきにくい「しお」「さとう」など、ラベルは必須。

道具は「仕事ごと」に出番待ち

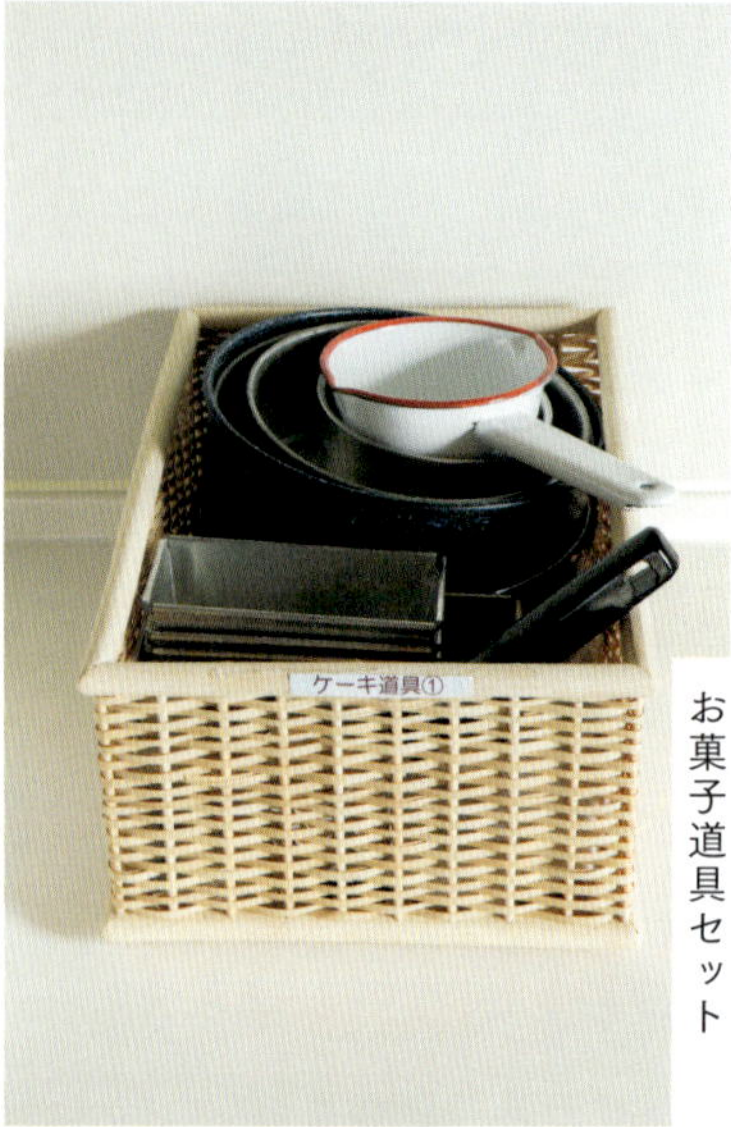

お菓子道具セット

クリスマス、バザーの時期になるとフル稼働。それまでは玄関収納の「食」の棚で待機。

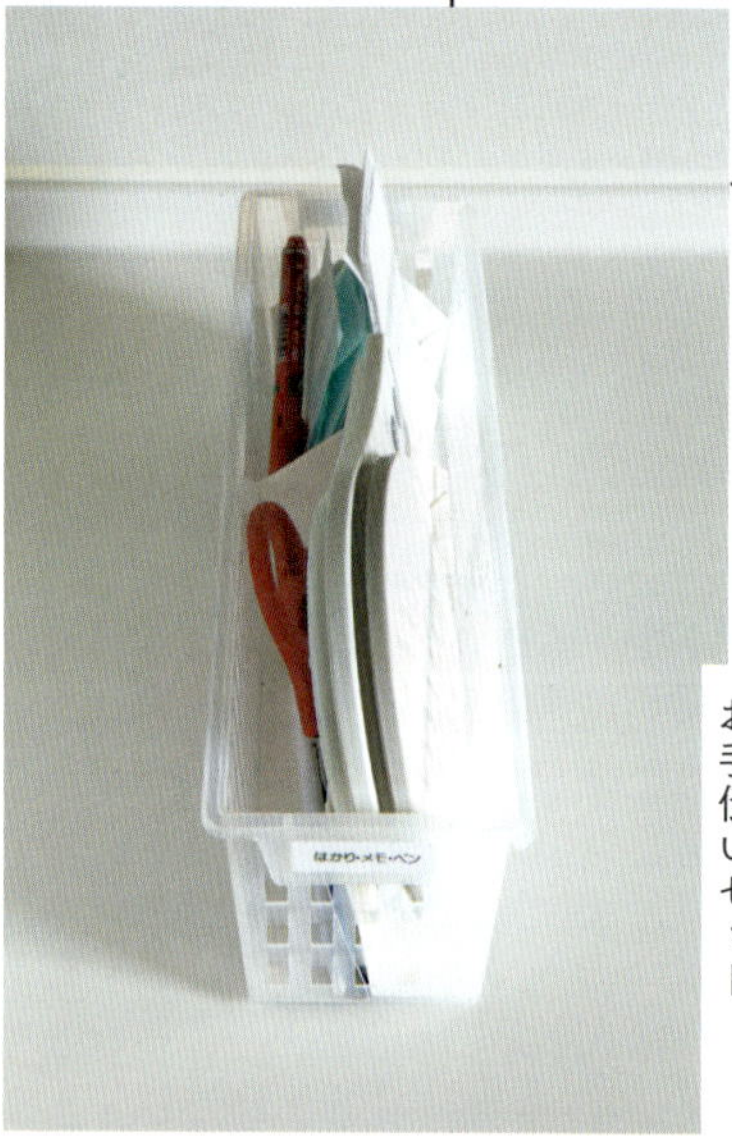

お手伝いセット

孫たちがお手伝いで使う寒天づくりの秤やラベルは、手の届くカウンター下に（P.57）。

あれどこ？　そこだっけ？　探していたら時間がなくなったなんて、よくありますよね。家事はもちろん、家族の生活が円滑にいくためにも、ひと工夫欲しいところ。

朝起きてから寝るまで、いろいろな「仕事」があります。お弁当を詰めるのも、宅配便が来たら受けとるのもそう。

そのためには道具が欠かせませんが、1カ所にまとまっていれば万事が速やか。つまり「物のグループ化」。1仕事につき1チームと考えるとわかりやすいでしょうか。

使うときと場面を考えた置き方があって、初めて物も役立ちます。あそこに行けば道具が揃っていると思えばこそ、皆の腰も軽くなるというものです。

お弁当セット

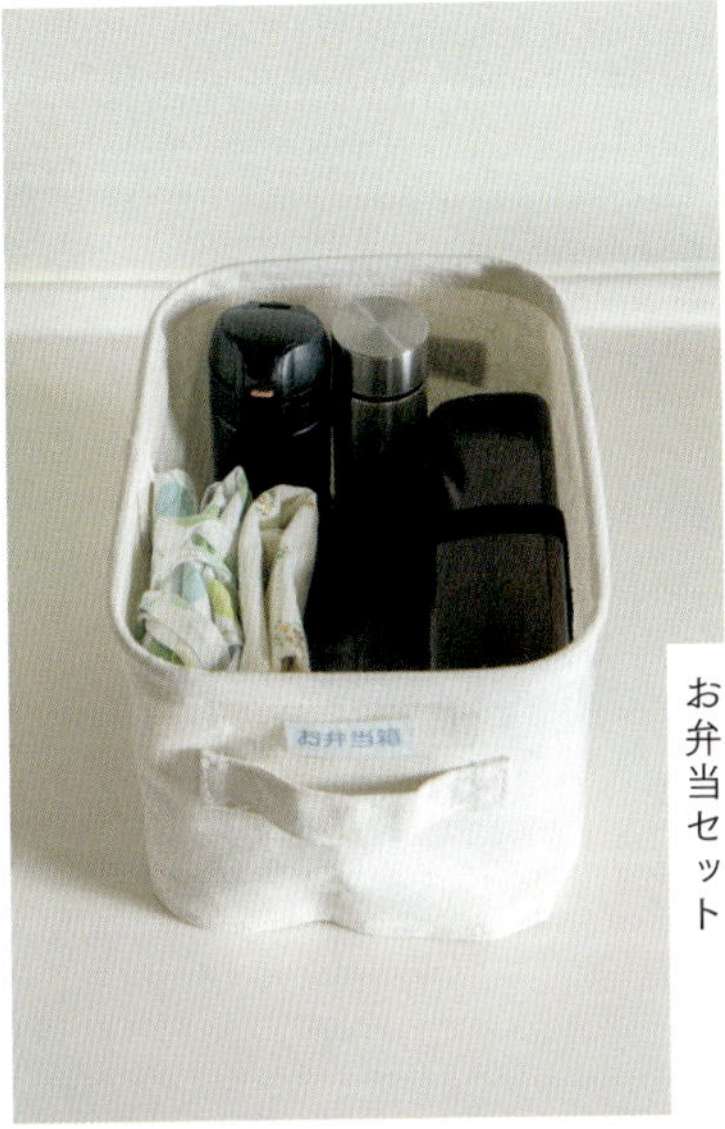

弁当箱から包む布、水筒まで1カ所に。「夫が詰めるときがあるので」わかりやすく。

スキンケアセット

毎日使うスキンケア用品は、全種まとめて『無印良品』のアクセサリー入れに。

おつき合いセット

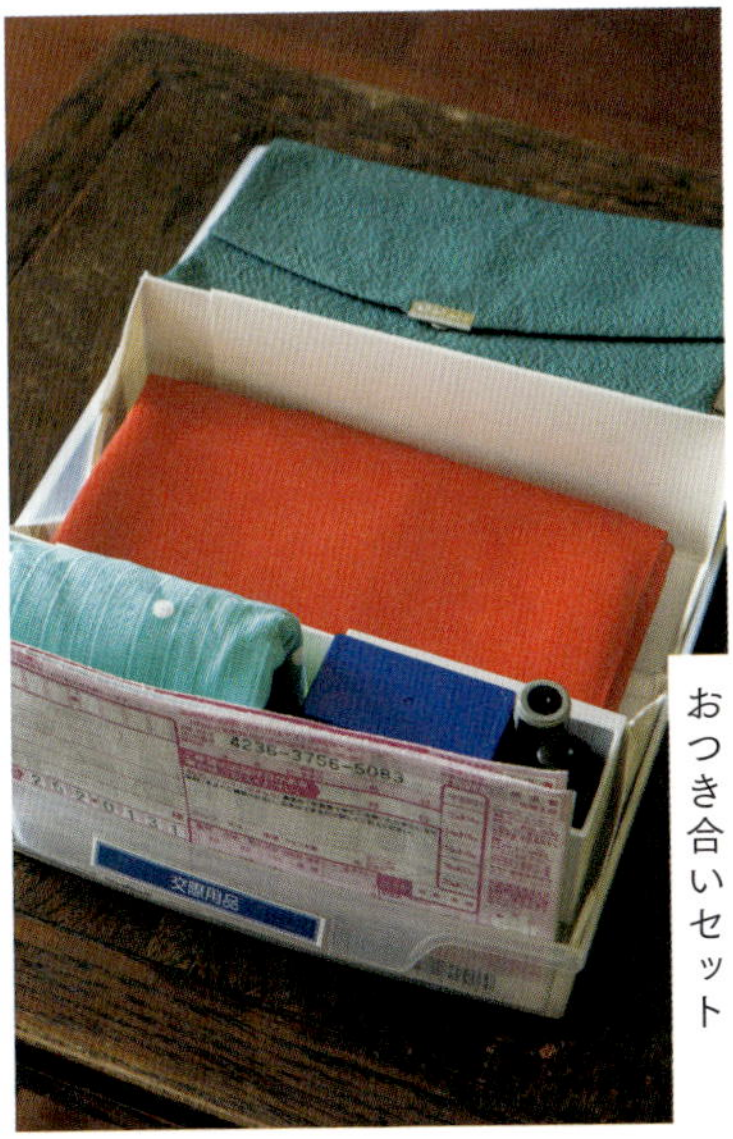

宅配便の宛名、慶弔の封筒と袱紗はまとめて箱に入れ、玄関収納の「住・交際」の棚に。

お迎えセット

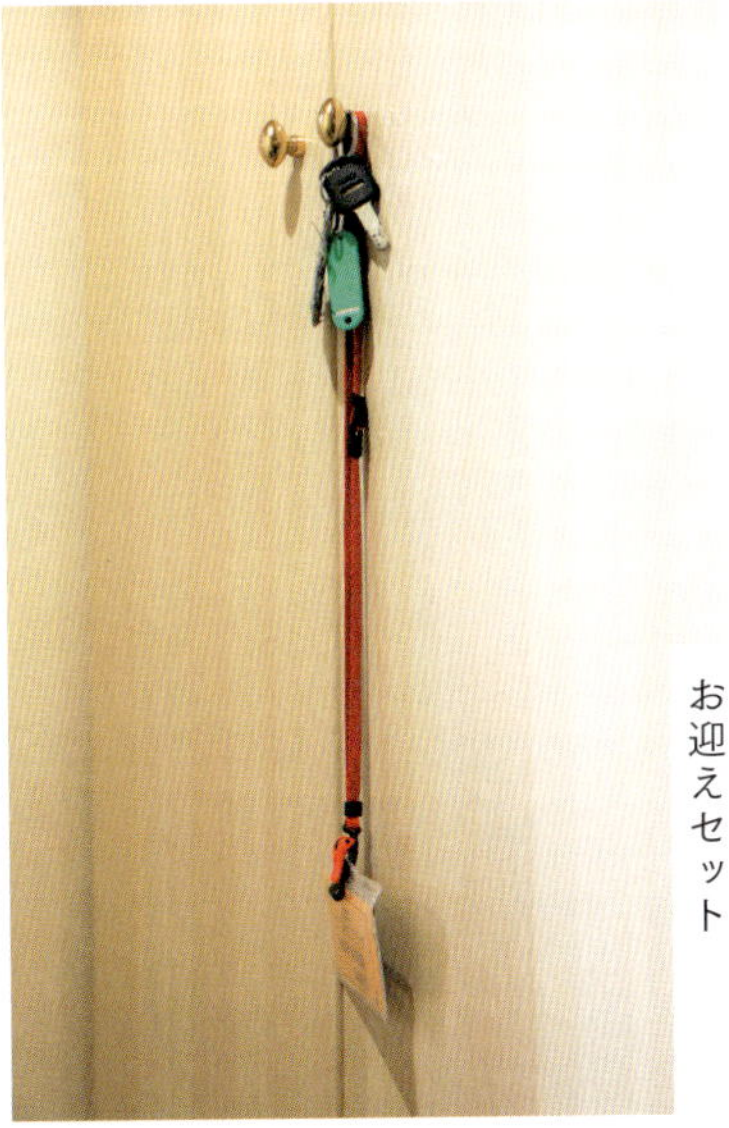

保育園のお迎えは夫が担当。保護者プレートと鍵を玄関に下げて「お願いね」。

家事で家族の知恵を交換する

家事は家族の知恵を交換するもの。子どもたちは学校で、男性は社会でさまざまなことを体験しているのですから、それをぜひ家のことに生かしてもらわなくちゃ。

家事を通して「こんな考え方をするんだ」と、家族の新たな一面がわかるのです。皆で知恵を出し合って、家をよくするために立ち働いて、片づいて心地よい空間ができた。そういう経験を子どものうちにしてもらえたらと思います。

家のことができる人って、人のことが好きになります。相手に関心を持つの。自分ができるという自信があれば、人のためにできるようになる。むしろ、自分のことができるのはあたり前で、人のためにできるようになるために、まず自分のこと、家のこと。それが本来の順番なのかもしれませんね。

床のゴミを集めるのも、小さな手に
収まる道具があれば、お手のもの。

「ここにもセスキをシュッとして」。少しの汚れも見逃しません。

コラム4

とにかく、手を動かしてみる

先日、若いお母さんから、「子育てや家庭の悩みを、占いや心理学で解決しませんか？　というお誘いが、インターネットなどを通して届く」という話を聞きました。身近なお友だちに勧められたり、自分と似た不安が解決したとネットに書かれていると、つい惹かれてしまう気持ちも、わからなくはありません。

子育てというものは「これでいいのかな」と迷いがあってあたり前です。けれどそこを巧みな言葉で突かれると、「私の育て方が間違っているのかしら」と不安になってしまうもの。

そんなとき、日々の地に足のついた生活が助けになります。悩んでしまって、どうにもならないと感じたら、全く別の無心になれることにとり組んでみてはいかがでしょう。

私の場合、エプロンを縫ったり、引き出しを整理したり、床を磨いたりと、とにかく手を動かします。趣味のギターの譜面を書き起こしたり、ボタンつけを1つするだけでも、気持ちが切り替わります。

そうするうちに「世の中、こういうものかな」とあきらめがついたり、打開の糸口が見えてくるのです。

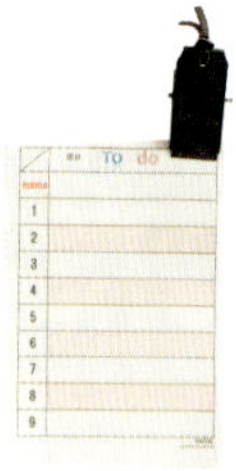

To Do リストで頭の中の棚卸し。

Method 5

帰りたくなる家を目指す

“I’m home !”《ただいま》

家にいる時間をつくる

家が片づかないという方がよく言う言葉が、「片づける時間がない」。

2人の子どもがいる二女も、朝7時に家を出て、夜7時過ぎに帰る毎日。土曜日は子どもたちのお稽古、日曜日は家族でお出かけ。そもそも家にいる時間がないのですね。

外で働く人にとって、家にくつろげる空間があるのは、とても大切なこと。その人自身が思い描く生活のあり方と動線は深く関わっています。改めて家の中を眺めてみてください。もし「通るとき狭い」「物が出しにくい」など気づいたら、書き留めて「お片しリスト」をつくりましょう。

頭にも心にも無理のない動線は、リラックスできる家への第一歩。すぐにはできなくても、心が動けば次が動きます。心を動かすためにも、次の週末はいつもより長く「家にいること」を心に留めてみては？

だんだんと家族になっていく

もう30年前になりますが、アメリカのオレゴン州から来た女性が、3カ月間、わが家にホームステイしたことがありました。

そのとき「ただいまって、英語でなんて言うの？」と聞いてみたのです。

すると、"I'm home!" という答え。

「へえ、やっぱり『帰る』ことと『家』は結びついているんだ」と感心したのを覚えています。

今でこそ「家」は私にとって安らぎの場ですが、子どもたちが小さかったころは、そう思えませんでした。

結婚してはじめの5年間は2人だけの生活でしたが、長女が誕生してからは生活が激変。日中は赤ちゃんと2人きり、家のこともうまく回らず、新聞も読めない、夜泣きで眠れない……。「なんでこんなことになっているんだろう」と呆然としたことを覚えています。

大学では教育学を専攻しましたが、子どもと直接関わるのは苦手。自分の子どものことも「かわいい」より先に、腹を立ててしまうことばかり。

そして、いくつかの忘れられない出来事が起こりました。

（116ページに続く）

自分と家族の洋服やパジャマを手づくりしてきた記録ともいえる「洋裁ノート」。山崎家のもう1つの日記帳でもある。

孫たちと囲む食卓

夕食後の孫たちとのお茶タイム
は、心やすらぐひとときき。

新しい家族の時間が続いていく

二女が生まれたばかりのころ、長女は幼稚園のバスの中でいつもおもらしをして帰ってきました。「私を見て」というサインだとは気づきもせず、「どうして!!」と怒り散らしていた気がします。

ある日、そんな私をハッとさせることが……。当時、長女が小学校低学年、二女が幼稚園だったと思います。夕方、つい近所の家でおしゃべりをしてしまい、家に帰ると2人がいない。血相を変えて探し回り、警察に捜索願を出しに行った帰り、川沿いの道を手をつないでとぼとぼ歩いてくる姿を見て、力が抜けそうになりました。

何か2人が出て行くようなことをしたか、言ったかしたのでしょう。こんな私がいやになっていなくなっちゃったのかなと、自分の勝手さを思い知らされた出来事でした。

大人は子どもに対して頭ごなしに怒ったり、理不尽だったり、素直に「ありがとう」「ごめんね」を言えなかったりします。そうした親子の主従関係から脱皮するには、「個」が集まって家族になっていることを意識することが大切だと思います。

母親であると同時に、1人の人間である私たちが、思い通りにはならない相手と向き合い続ける。その関わりの中でしか、育たないものがあると思うのです。

子どもがかわいいと思えなかった私も、子どもがいたから家族旅行の思い出ができました。一見、目的のないワイワイガヤガヤした時間、同じ空間で好きなことをしたり、会話をしたりする時間の中に、子どもたちが育っていく実感を得ました。

今、「お帰り!」と孫たちを出迎えるとき、その感覚が蘇ってきます。夕食のテーブルで今日1日あったことを聞きながら、新しい家族との時間が続いていくことの喜び、そしてかけがえのなさをしみじみと感じるのです。

家を開いて
心を開く、
オープンハウス

かれこれ20年、のべ800人ほどの方をお招きしたわが家のオープンハウス。

私が家計簿の費目に沿った収納をしたり、小さな物ほど置き場所を決めたいと考えるようになったのも、招かれた先で見て感じたことが糧となったから。そうしてだんだん、今度はいただいた気づきをお返ししたいという気持ちがふくらんでいったのです。

オープンハウスを続けるもう1つの理由は「真実が行き交う家でありたい」という願いです。わが家のありのままを見ていただくことは、偽りのない生活実感や思いを語り合うきっかけとなります。そして誰かが「自分もやってみよう」と実践したり、そこからまた広がっていくことは、ささやかだけれど、社会の前進になると思うのです。

先日、3人の子どものいるお母さんの家を大整理しました。以前は、彼女の友人がくるのは玄関先まで。それが、先日は皆でケーキづくりもできたそうです。「粉はあの扉の何段目」と言えるのが気持ちよく、また人を招きたくてしようがなくなったとか。

そうやって、この先きっと、彼女が招いた誰かの暮らしも、変化していくにちがいありません。

高くても安くても、物を価値高く使う

以前、知人に誘われて都内の億ションを見学したことがあります。大理石の床やドイツ製の収納は、確かにすばらしいものでした。

誰もがそうしたところに住めるわけではありません。けれど、《われわれの家に、一家の生活に必要な家具類が、周到に用意されていなくてはなりません》（羽仁もと子著作集『家事家計篇』）とあるように、家の設備や調度品は、よく考えて準備していく価値のある物です。

たとえ最高級の物に手が届かなくても、予算の範囲で家を住みよく整えていくのは、家計を担う者の腕の見せどころ。下町育ちの私は、もともと「宵越しの銭は持たない」江戸っ子気質に近いのですが、『羽仁もと子案　家計簿』と出あってからは、予算を決め、その枠の中でやりくりするおもしろさに目覚めました。

物の選び方はお金の使い方。この値段ならと中途半端な気持ちで手にすると、愛しさが半分になることも。反対に、百円均一の物でもしっかり役割を果たし、頼もしく思えるものもあります。使うところと使わないところ、たわめてジャンプする力が、お金にも必要でしょう。

高くても安くても、物の本質を全うして使っていくことが、心の豊かさにつながっていくのだと思います。

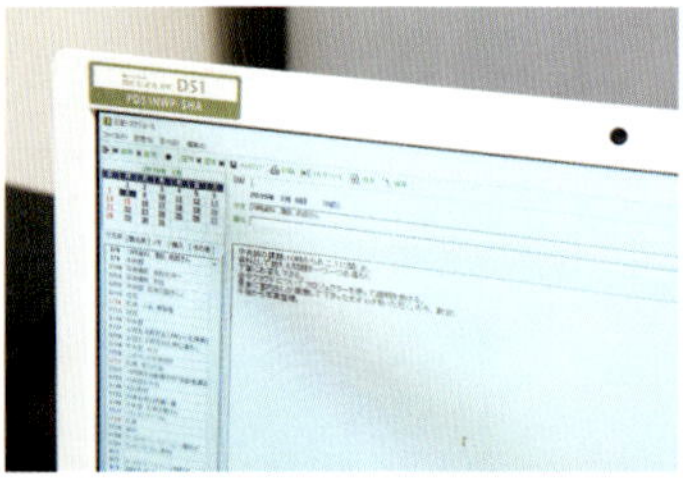

『グスタフスベリ』のコーヒーカップ
1客約10,000円
自分のための贅沢品。同じコーヒーでも格別においしく感じます。

牛乳パックの仕切り
0円
引き出し整理の必需品。家中で約50枚使用。年2回、総取り替え。

そうじ用手袋
108円
百円均一で購入。汚れたら左右をはめ替えて、両面をフル活用。

『バウハウス』のガラスケース
5,000円
北欧雑貨も扱う家具屋でひとめ惚れ。バターケース、保存容器に。

白いタオル
158円
汚れがわかりやすい白と決めて。洗面所で使用後はぞうきんに。

『レデッカー』の卓上ほうき
8,000円
ほうきがマグネットでちりとりにピタッと収まる。デザインも秀逸。

暮らしの質は家計簿で変わる

素敵な家具が欲しい。家族で旅行へ行きたい。子どもに習い事もさせたい。家族のためなら、お金はいくらあっても足りない気がしますよね。

結婚当初の私は、銀行でもらった家計簿に支出を記録していたものの、基本的にはその日暮らし。わが家にどの程度の経済力があるのかもわからず、大きな買い物をするときにはいつも不安でした。

ある日、近所の子育て仲間とお茶を飲んでいると「今月もう予算オーバーしちゃったわ」と。そこで、「予算って何?」「使っていいお金に枠があるの?」と初めて聞く言葉に興味がふくらみ、すすめられて『羽仁もと子案　家計簿』を手にしたのです。

いざつけ始めると、費目ごとに予算があり、何を買ってもおもしろいように費目の枠にはまっていく気持ちのよいこと。つけ始めは、食べること、着ること、住むことに重点がおかれます。それが1年、3年と過ぎていくうちに、家族でコンサートに行ったり、新しいことを学んだり、憧れていた家具のための予算がとれるようになったりと、暮らしの質が変わっていくことに気づくはずです。

ぜひ皆さんにも、家計簿を通して「必要なもの」と「欲しいもの」、「するべきこと」と「したいこと」を整理し、わが家が本当に大切にしたいことを見つけてほしいと思います。

物の選び方は、お金の使い方

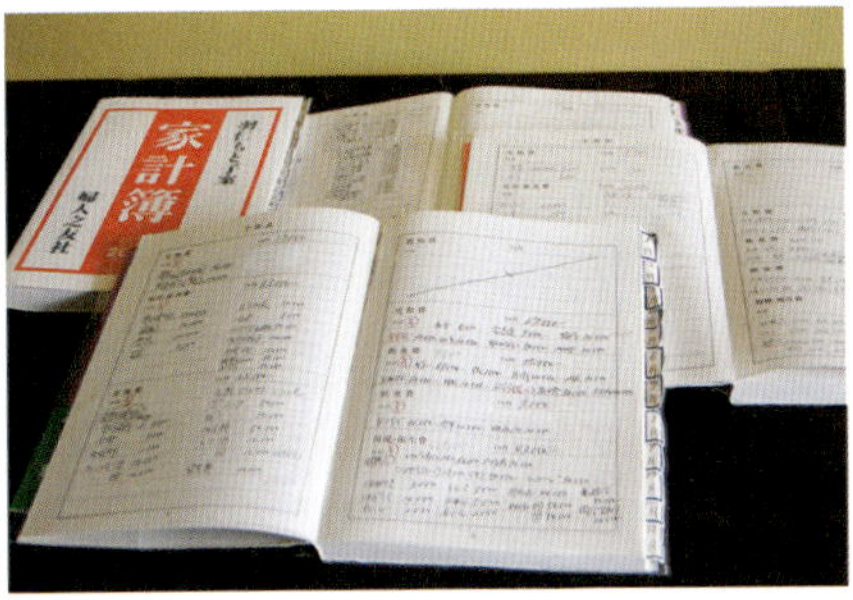

家計簿は、使ったお金と入ってきたお金の置き場所。記帳も整理整頓の一部と考えて。

40 年間つけ続けている『羽仁もと子案　家計簿』（婦人之友社刊）。引っ越しを経ても大切にしてきた家族の記録。

家計簿の最終ページについている「収支年計表」。「15 年間で生活費約 5400 万円、そのうち食費は 1100 万円……」など、金額がくっきりと。10 年前には、家計簿記帳 30 年記念として、トータル額を出した。

現在は、『羽仁もと子原案・生活家計簿 3.0』(Windows 版）と併用。入力したデータは、毎年まとめて製本する。

おわりに

日曜日の午前8時半、わが家の1週間が始まります。夫の運転で、隣町の教会へ。私たちにとって土曜日と日曜日は、孫たちの送り迎えや夕食準備からの解放日。そして何よりの「レクリエーション」……、つまり「再創造」の日なのです。

車中では今週の家族の予定、住まいのメンテナンスの情報交換など、大小の話題満載です。新しい1週間も、自他共に気持ちよく過ごしたい。そのためにも、私たちが地に足をつけて活動するための「重力」のような働きをする時間なのです。

夫の転勤で、住まいは埼玉、静岡、栃木、神奈川と数カ所変わりました。移るたびに思ったことは「人間到る処青山あり」の言葉でした。少しずつですが、住むところは変わっても、家族が落ち着いて、それぞれの一歩を踏み出すための場が必要なんだと、気づいていきました。

そのうち、人の居場所が心地よいものになるためには、物の置き場所を決めることが大切である、と確信するようになりました。「知恵のおすそわけ」をいただいたおかげです。ありがとう。
10年ほど前、月刊誌『婦人之友』に掲載されている「生活歌集」のページを見ていたときのことでした。いつもは、投稿欄に知人の名前を見つけては感心したり、励まされたりしていたのですが、そのときは心に激震が走るほどの、新鮮な、そして強烈な経験を味わいました。

「引き出しをひとつきれいにしただけで
　今日は良い日と素直に思う」

という短歌でした。家事をコンスタントに、予定通り消化できるときばかりではありません。疲れたり、落ちこむことがあるのも生活です。この歌の言葉の一つひとつが、小さいことに目を向ける大切さを教えてくれている気がするのです。手前から一歩一歩、地に足をつける原動力をいただいた気持ちです。「先生はどこにでも」ですね。どうか皆さまのよい日のお役に立ちますように。

2019年9月　山﨑美津江

きれいをキープ！　ひと目でわかる

部屋別・頻度別「そうじ分解図」

いつ、どこをそうじしたらよいかを書き出しておくと、汚れがたまらず、大そうじいらず。「こんな場所も？」と思ったところはありますか？ 皆さんの家に合うように書き加えるなどしてお使いください。

［台所］

レベル1 毎日〜3日に１回	○レンジまわり、シンク、壁面などを拭く ○蛇口のから拭き　○排水口をきれいに
レベル2 週１回	○冷蔵庫の内外を拭く
レベル3 月１回	○換気扇のそうじ ○シンクまわりの整理とそうじ

［リビング・寝室］

レベル1 毎日〜3日に１回	○フローリングそうじ（あさいちモップ） ○家具、棚、桟、ガラスなどのホコリとり
レベル2 週１回	○家具、棚、桟、床、観葉植物、 PCまわりの拭きそうじ
レベル3 月１回〜年数回	○窓ガラスを拭く　○本棚のホコリとりと整理 ○排気口の手入れ　○家具のつや出し ○フローリングのワックスかけ、傷直し ○カーテン洗い　○エアコンの手入れ

［浴室・洗面所］

レベル1 毎日〜3日に１回	○浴槽を洗って拭く ○床、蛇口、シャワーホースを洗って拭く ○洗面台をスポンジで洗う　○鏡、床を拭く
レベル2 週１回	○浴室の壁面と床を洗って、から拭きする ○排水口のていねい洗い ○洗面所の引き出し・取っ手のホコリとり
レベル3 月１回〜年数回	○浴室の天井を拭く　○浴槽の蓋の手入れ ○風呂釜の給湯口の手入れ ○洗濯機まわりのそうじ

［トイレ］

レベル1 毎日	○便器をブラシでこする ○便器を拭く　○床を拭く
レベル2 週1回	○便器、タオルかけ、蛇口、収納棚まわりのホコリと汚れをとる
レベル3 月1回	○換気扇の手入れ

［玄関・外回り］

レベル1 毎日～3日に1回	○大きなごみをとり除く、ほうきなどで掃く ○そうじ機でホコリを吸う
レベル2 週1回	○表札・郵便ポストまわりを拭く ○ベランダを掃く
レベル3 年数回	○物置の整理、収納、そうじ ○郵便ポストの中を拭く ○ベランダていねいそうじ ○ベランダ排水口点検

［その他］

レベル1 週1回	○照明器具を拭く ○玄関・部屋のドア（蝶つがいも）を拭く ○PC・TVなど液晶画面を拭く
レベル2 月1回	○スイッチ、コンセントを拭く ○ドアノブを磨く ○小物類（電化製品のリモコン・引き出し内）の整理とそうじ ○天井、壁、カーテンのホコリとり
レベル3 年数回	○額縁、装飾品のつや出しと背面のホコリとり ○網戸の手入れ

山﨑美津江 Mitsue Yamasaki

相模友の会（『婦人之友』読者の集まり）会員。家事アドバイザー。1948年、東京生まれ。長女出産後に友の会に入会し、整理収納、そうじの技術を磨く。家計簿歴は40年余り。2000年頃から自宅のオープンハウスを始め、訪れた人はのべ800人を超える。『婦人之友』『かぞくのじかん』での家事、整理収納、そうじのアドバイスが好評。メディアでは〝スーパー主婦〟として活躍する。全国各地での講演や、自宅を公開して家事のアドバイスも。

装丁・本文デザイン　中島美佳
撮影　永禮賢
　　　編集部
校正　DICTION
編集　松本あかね

帰りたくなる家
家の整理は心の整理

2019年10月30日　第1刷発行
2023年7月30日　第8刷発行

著者　山﨑美津江
編集人　小幡麻子
発行人　入谷伸夫
発行所　株式会社 婦人之友社
〒171-8510
東京都豊島区西池袋2-20-16
☎03-3971-0101
https://www.fujinnotomo.co.jp
印刷・製本　シナノ書籍印刷株式会社

ISBN 978-4-8292-0913-4